爱上教书
教师职场压力管理

Learn to Love Teaching Again:
Tips and tools for every teacher

[美] 布伦达·科尔（Brenda Cole） /著
[美] 德比·赫雷拉（Debbi Herrera）

唐劲松 /译
黄有莉

西南师范大学出版社
国家一级出版社 全国百佳图书出版单位

图书在版编目（CIP）数据

爱上教书：教师职场压力管理/（美）科尔
（Cole,B.），（美）赫雷拉（Herrera,D.）著；唐劲松，
黄有莉译.—— 重庆：西南师范大学出版社，2016.4
书名原文：Learning to Love Teaching Again
ISBN 978-7-5621-7846-0

Ⅰ.①爱… Ⅱ.①科…②赫…③唐…④黄… Ⅲ.
①教师－工作 Ⅳ.① G451

中国版本图书馆 CIP 数据核字 (2016) 第 050716 号

Copyright © 2011 by Incentive Publications, Inc.
This volume may not be produced in whole or in part in any form without prior written permission from the publisher
Simplified Chinese Copyright © 2016 by Chongqing Southwest China Normal University Press Co.,Ltd.
Simplified Chinese edition is published by arrangement with World Book, Inc. through Chengdu Rightol Media & Advertisement CO., LTD（本书中文简体版权经由锐拓传媒取得 Email:copyright@rightol.com）

爱上教书：教师职场压力管理

著　　者：[美]布伦达·科尔（Brenda Cole）[美]德比·赫雷拉（Debbi Herrera）
译　　者：唐劲松　黄有莉
责任编辑：钟小族　张燕妮
封面设计：@师魍设计
排　　版：重庆大雅数码印刷有限公司·王　兴
出版发行：西南师范大学出版社　地址：重庆市北碚区天生路1号
　　　　　　邮编：400715 市场营销部电话：023-68868624
经　　销：新华书店
印　　刷：重庆紫石东南印务有限公司
开　　本：720mm×1030mm 1/16　**印　张**：14　**字　数**：290千字
版　　次：2016年6月第1版　**印　次**：2016年6月第1次印刷
著作权合同登记号：版贸核渝字（2015）第323号
书　　号：ISBN 978-7-5621-7846-0
定　　价：30.00元

前言

致我们的读者

  一个女子在接到罚单后向交通法庭求情:"尊敬的先生,我们能不能快点? 我是学校的一名老师,我有一教室的学生都在等着我。"

  法官靠在他的座位上。"学校的老师,对吗?"他重复了一遍,然后微笑着说道:"嗯,我一直在等待这一天。 你去坐在角落里的那张桌子上,写'我不会超速'五百遍!"

  它可以是最好的工作,也可以是最坏的工作。

  你是一个教育工作者,我不必为你描述那令人激动的开学时令人期待的第一天,尤其是当你通过一堂灵动的课抓住了每一个学生的注意力时,或者看到某个痛苦的学生最终取得成功,就像爬到山顶时的狂喜——当你能够胜任教学时。

你是一个教育工作者。所以，我不需要提出这样的观点，即教师（和管理人员）是在巨大的压力下。你非常了解。你的经验告诉你，这一切每天都在发生。

我和我的同事兼合著者布伦达，都热爱教师这个职业。但我们的压力却令人沮丧，我们的同事往往由于疲劳、身体上的疾病、痛苦、沮丧等等放弃这份职业。

布伦达的观点

作为一名助理校长，多年来我处理了各种问题和老教师的投诉，当我回到学校并开始我的关于教师的态度和压力水平研究的论文时，我意识到，大多数的抱怨其实都是可以由教师自己改变的。他们必须知道他们可以控制环境和对这些困难的态度。当他们做到了，把心放下来，他们的职业倦怠可以改善。

我花了一个学期去了解那些未来的老师，他们对于教学是那么的充满激情。这让我想起了我曾经为这个职业而激动，这个职业，曾经让我充满了教学的热情。我坚信，所有的老教师都能重新获得他们对教学的爱，重新燃起这种新鲜的渴望，并很快成为行家里手。

我们创造了这样一本书，以唤回你的激情为主要目标

相信压力和挫折是可以改变的——教学的激情虽然动摇，但是它仍然存在于大部分教师体内，只是处于休眠状态——我们有两个方法来帮助教师重新点燃他们对于职业的热爱。但是我们很遗憾地发现这方面的资源很少。因此，我们为教育工作者建立了一个全面的数据来源，为那些在前线的老师——你们自己，你的同事。

我和你一样，是所谓的课堂教师、课程专家、校长、教育顾问。科尔博士是一个充满活力的数学和理科教师，她可以利用储物室的资源组织一堂生动的物理课。我们都对教学充满了热情，甚至作为管理者，选择继续在教室里工作。多年以前，还没获得博士学位时，她是我的行政团队的一员。我跑着去教八年级的语言艺术课，而布伦达则跑向六年级的科学实验室，在我们经过各自的办公室门前时，你不能忽略掉我们脸上傻傻的笑容。

我们想分享可行的、来自一线教师的想法。所以，在这本书中，你可以看见来自真正的、全国各地的教师的建议、评论、技巧和观点。（你会发现他们在文本中被引用了许多，虽然有些是匿名的。）我们在文中列举的例子都是来自真实的课堂。每一章节都是围绕教育工作者每天的工作所面临的问题来展开的。

·笑和快乐必须是教学的一部分,所以,你会在本书中发现通过讲笑话、逸事和搞笑的事来研究好的做法和解决问题的常识。

·老师们需要切实可行的工具来更有效地做事情,让他们工作得更愉快。所以我们用一个"工具节"结束每一章,包括那些新颖的技巧和模式。

·每一章也包含一个或多个"我的建议",这些都是强调严格及培养人的目的,这当中有一部分需要你们的更新。

如果你失去了你的快乐……

如果你不记得你为什么要进入这个行业……

如果你需要正能量的注入……

这本书就为你而写。

教书可以是最好的工作,也可以是最坏的工作。但如果你问我,我要说老师是世上最幸运的人,我们都是幸运的。有人回答说,这要算作进入教师行业的口号。

目 录

第一章　教师的压力可不是件说笑的事	1
第二章　被文书工作掩埋	23
第三章　哎呀！家长来了！	56
第四章　我是教师还是警察？	86
第五章　他们请求我说"是的"	103
第六章　但我是来教数学的	129
第七章　冲向终点线	163
第八章　校长就永远没有压力吗	183
参考文献	207

第一章 教师的压力可不是件说笑的事

朱莉安娜·邓恩通过努力工作，来达到大家的标准。她想让校长对她的工作感到满意，让父母对她的工作说好，让三年级的学生认为她是他们最喜欢的老师。她总是第一个投入到课程计划中，并自愿承担额外的职责。每周，她在每个学生的父母或监护人的个人笔记中写个人评语。周末，为了使她的学生享受课程，她花几个小时来为她的学生打造迷人的学习项目。邓恩女士喜欢她的工作，但她却感觉迷失了自我。

如果你想拍着你身边人的肩膀说："我的周末和我的暑假都是自由的。"那么你必然是一个充满压力的教师。

拉索喜欢她的工作，原因之一是她可以与自己的孩子一起。她经常在放学后将他们接到自己的教室，让他们在那里完成家庭作业，自己则为第二天的课程准备材料。假期和周末给了她时间去梳理她的课堂细节，并且是和孩子在一起度过的。拉索很高兴有一个这样的职业，让她有这么多的时间与她的孩子在一起，但为什么她总是觉得这么累？

四年前，史蒂芬·马斯很高兴和他的第一批中学生们在一起。但是今年，他却发现自己有了一个令人不安的困惑。他经常在一夜的睡眠之后，早晨还是感到累。他已经开始忽略闹钟了，并且开始上班迟到。上课前，他徘徊在教师休息室，喝着咖啡，直到上课铃声的最后一秒。他羞于承认，有些早晨，他给学生布置繁重的作业是为了唤起自己的热情。他很疑惑：对教学的新鲜感到底去哪儿了？

你在邓恩女士身上看到自己的影子了吧！想把所有的东西、所有的人都纳入自己的工作。或者在拉索女士身上，也看到了自己的影子吧！她已经模糊了个人生活和职业生活之间的界线。或像马斯先生，失去了对教学的兴奋？你能记住当初，你成为一名教师时兴奋的承诺吗？你会怎样改变生活？你是否希望看到学生因为期待着你的指导而充满喜悦的脸庞？你记得当学生们带着刚学到的新知识走出你的课堂时，你那激动劲吗？

如果这些想法似乎是很久以前的记忆了，如果你发现自己筋疲力尽并把所有的时间都用在这些无用的事上面，或者如果你正在考虑换一个行业（甚至你都想去种南瓜了），你可能是压力过大，或是正走向职业疲惫，抑或是处于崩溃的边缘。

失去热爱

当你第一次得到了一份工作，境况、项目、人员和过程都可能变成导致你幻灭、失望、苦恼的原因，这些都可能变成"压力"的源头。而这些往往会造成你的身体和精神的超负荷状态。你想得到一个出去走走以便唤回你教学激情的机会吗？如果想，那么你必须关注你生活中的压力并且学会一些技巧来帮助你管理或消除这些压力。

我们为什么会在压力前十位之列？

工作压力和职业倦怠是热门话题，各种媒体和机构都在研究、分析和报告其中的问题和结果。当研究者试图找出最高压力的职业时，教育工作者通常都"名列前茅"。

最有压力的前十名职业	最有压力的前十名工作	最有压力的领域
1.空中交通管制人员	1.**城市高中老师**	1.信息技术
2.警务人员	2.警务人员	2.医药等关怀类
3.**老师**	3.矿工	3.工程类
4.护士	4.空中交通管制人员	4.销售和市场营销
5.煤矿工作者	5.医学实习生	5.**教育类**
6.外科医生	6.股票经纪人	6.金融

续表

最有压力的前十名职业	最有压力的前十名工作	最有压力的领域
7.消防队员	7.记者	7.人力资源
8.狱警	8.客户服务代表	8.操作
9.飞行员	9.秘书	9.生产
10.海军	10.服务员	10.文书
Carreercast.com,2010	Health Magazine,2008	JobBank USA,2010

根据"职业压力的尺度：进一步分析人口因素和工作类型的影响（2000）"的报道显示，41%的老师处于高度紧张的压力之下。毫无疑问，教师是当今美国最重要的工作之一。作为教育工作者，我们关系到学生的未来，我们的未来及我们社会的未来。然而，今天的教师面临着比教育史上其他任何阶段都更为复杂的挑战。教师每天面临的挑战不断压迫着他们心理、生理的防线，许多老师承受着来自日常课堂管理的巨大压力，他们已经失去了信心，逐渐失去了教学热情。

为什么教育工作不断出现在这些最紧张的职业的榜单上？按照教师的日常工作，这些都是让该职业充满压力的因素：

- 高期望和低收入的差距。
- 要做的太多，时间太少。
- 学校管理机制和政府教育部门苛求政策的结果。
- 与家长的紧张关系。
- 现今管理学生的挑战。
- 对标准化测试重视的不断增加。
- 无休止的、累赘的文书工作。
- 官僚化规则、会议和要求。
- 不断变化的期望和项目。
- 工作的不安全感和不期而至的新任务。
- 缺乏职业发展机会。
- 工作的负荷让平衡家庭与工作职责变得异常困难。
- 缺乏支持。

此外，学校往往缺乏资金来支持良好的教学，所以教师最终要用自己的钱来购买学习用品和教学材料。这增加了他们的个人财政负担——增加了个人的压力，而我们知道教学之外的行业并不需要支付这些额外的钱。

经过数年自费购买教学用品的做法后，许多教师对学校官员、学区和州立法者感到愤怒。

另一个趋势，则让教师感到心寒。长时间以来，教育工作者是受尊敬的，父母与教师是统一战线的，学生知道违反了学校的任何纪律在家里也将被处罚。但如今不再是这样的情况了。最近的几十年，许多美国人对教师这个职业的态度发生了负面变化。因此，教师本已面临的高压环境由于尊重和欣赏的缺乏而变得更糟。

关注压力

压力是对恐惧或威胁情况的一种应激反应。压力的反应加剧了身体的反应，身体会采取一些缓解、排除压力的行动。这一行动可能是不健康的（像抽烟或者吃不健康的薯片），但人们为了缓解压力总会做些什么。教育之路就充满了压力的"荆棘"——环境、事件、情感和对于压力的生理反应。这些事情对健康有严重的影响，对每个教育工作者的福祉也有影响，也对他们的学生及他们接触的家长有影响。

教师压力快速自我检测清单

- 校长有你的家庭电话、手机电话和寻呼机号码。
- 因为与你一起生活，你的猫总是处于焦虑的状态。
- 人们难以理解你，因为你在交谈时总是紧咬牙关。
- 你都没有时间等待一个微波炉制作的午餐。
- 你的计划表中，包括让你四岁的孩子断奶。
- 你需要咨询你的小时工，看你有没有时间去把垃圾倒掉。

如果你发现自己符合这个清单中的任意一条，你需要立即寻求降低压力的策略。

身体对压力的反应

身体对压力的反应是一个"应激"反应，有时也称为压力反应。当人类感知到危险的环境或是极其紧张时，身体会立即发生变化。

- 大脑通过释放激素触发心脏、肺、皮肤、循环系统、新陈代谢系统以及免疫系统去抵抗或者避开那些逼近的危险。
- 化学反应被激活,情绪反应被激发起来,如恐惧、焦虑或愤怒。
- 负责抵抗化合物的脑区所控制的短时记忆、注意力、抑制力、理性思考让身体集中精力应对危险。
- 心脏速率和血压迅速升高;肺部吸入更多氧气,引起呼吸加快;脾脏释放更多的血细胞,以帮助血液输送更多的氧气;而血液量则可以增加300%到400%。
- 应激反应系统切断任何没有直接需要的身体功能来击退感知威胁。身体的重点都放在摆脱压力上,而不是消化肚子里的食物、让指甲或头发生长或对抗癌细胞。
- 免疫系统将受刺激而重新分配白血细胞来对抗即将到来的感染。
- 液体从喉咙涌向嘴巴,这会使口腔干燥,使讲话或发出声音(如尖叫)变得困难,使喉咙发生痉挛以致难以吞咽。
- 血液从皮肤上被重新定向,来支持心脏和肌肉组织,皮肤会变得湿冷,汗水不住地流。
- 头皮收紧,就像漫画中一个人充满压力的时候,头发会竖立起来一样。

抗压食谱

一、早餐
　　1/2 葡萄柚
　　1 片全麦面包
　　8 盎司[①]牛奶
二、午餐
　　4 盎司烤鸡脯
　　1 杯蒸馏菠菜汁
　　1 杯香草茶
　　1 块奥利奥饼干

---

① 1 盎司=28.3495 克

三、下午茶和小吃

　　壁橱里剩下的奥利奥饼干

　　2品脱①草莓奶油、坚果混合的冰淇淋

　　热巧克力酱1罐

四、晚餐

　　2块大蒜面包

　　4听或1大块焦罐面包

　　一大块香肠、蘑菇、奶酪混合的比萨（可有额外的奶酪）

　　3个士力架

五、夜宵

　　1块冷冻蛋糕（直接从冰箱中拿出食用）

持续压力的影响

　　应激反应是危险情况下的救生员。但身体并不能总是处于应激状态。如果危险没有被完全根除，这个反应被激活时（通过持续的每日压力的工作环境），对抗或避开压力的可能性就会降低。慢性压力会伤害身体——没有它我们就不能够适当地应对高压环境，这会导致一系列的健康问题。当我们在慢性压力下，能给予我们的学生、家庭或者众多对于我们来说很重要的人的帮助就所剩无几了。

　　随着时间的推移，慢性释放的应激激素可以破坏脑细胞，也会损伤免疫系统，导致抑郁症和干扰心理过程。生活在一个持续的应激反应模式下，心率和血压会增高，会伤害心脏和心血管系统，还会导致其它严重的健康问题，如糖尿病，甚至癌症，这些都与压力的影响相关（布兰特利，2003）。

　　压力也与体重增加有很强的相关性，因为它降低了身体有效吸收营养的能力，从而影响人体的新陈代谢。研究显示压力会改变人体内辅酶的指数，而这是一种有助于将食物转化成为细胞可利用的能量的物质。由于现实的忙碌，压力大的人没有时间去思考如何吃得好，经常是拿起方便食品就吃，容易接触垃圾食品，如汉堡包、炸薯条和甜甜圈（奇切斯特和加芬克尔，1997）。

　　许多人为了缓解压力，试图通过吃来让自己感觉更好。不幸的是，可选择的食物往往含有太多的脂肪和糖类，或者是饮用过量的咖啡因或酒，这些营养价

---

①　1品脱=473.176473毫升

值普遍都很低。这些食物并不能减少压力或消除不好的感觉。他们经常做的就是坐一次满是糖分的"过山车"——充满腹胀感和罪恶感。当人们做出这样的食物选择来缓解紧张时，往往得到的是相反的结果——增加了紧张、不安的情绪，也会导致抑郁和长期的健康问题（戴维森，2003）。

> **教师小贴士**
>
> 在你成为一名教师之前，我希望你知道这是一份充满压力的工作！所以我建议你做一个规划，为每天的自己减减压——哪怕只有几分钟。健康与创造课程或准备评估是同样重要的。
>
> ——一位有着21年工作经验的一线老师

压力下的症状

由于长期的压力对身体的影响，人们很可能会遇到以下的一个（或可能几个）身体和情绪症状。仔细阅读这份清单，标注出你经常出现的症状。它们是让你了解自己身体反应方式的问题。

- 短期记忆丧失。
- 快速增重。
- 下颚痛。
- 高血压。
- 疲劳。
- 呼吸道感染增多。
- 胃部不适。
- 焦虑。
- 胸痛或胃灼热。
- 失眠。
- 情绪波动。
- 免疫力下降。
- 抑郁。
- 手出冷汗。
- 便秘。
- 持续性头痛。

- 肌肉紧张。
- 头晕。
- 耳鸣。
- 口干。
- 盗汗。
- 睡觉太多。
- 情感耗竭。
- 情绪不稳定。
- 健忘。
- 经常动怒。
- 注意力不集中。
- 有想自杀的感觉。
- 有被困住的感觉。
- 冷漠。
- 散漫。
- 逻辑思维丧失。
- 自我怀疑。
- 自尊心降低。

关注职业倦怠

职业倦怠是一种精神或身体上的疲劳，通常是由于长期的压力或挫折导致。一个人累坏了，他可能会陷入一种昏睡状态，表现出冷漠和疲惫，甚至可能达到意识不到的痛苦程度。

高压状态随处可见，但对于你来说，这种感觉可能隐藏在正常的日常活动中。例如，你可以回家照做晚饭，或以更高的速度在跑步机上跑一公里。倦怠可能慢慢地渗透到你的生活中，你要注意那些预兆（如故意触摸一个生病的学生的手，希望感染流感，这样你就可以离开你的工作几天），请你的朋友注意那些预兆并告知你。对你的同事做同样的事情，当他们过于忙碌、过于紧张或是过于疲惫时，告诉他们。

职业倦怠往往是累积的，持续的、缓解的能量消耗渗入身体、心理和态度，这比压力过大本身严重多了。一个压力过大的人通常还有足够的能力来对付各种压力，一个倦怠的人往往就直接放弃了。

倦怠的症状往往表现为：
- 身体疲劳。
- 情感耗竭。
- 认知疲劳。
- 睡眠障碍。
- 抑郁。
- 焦虑。
- 失去(或缺乏)能量、快乐、热情、满意度、动机、兴趣、对未来的计划或梦想、新的想法、野心、幽默、注意力、希望、自信。

愤怒、不安取代了教师的积极能量。这些负面的情绪起初看似很小和无害，但它们可以默默地膨胀，最终致使教师的职业信仰开始显著地丧失。

职业倦怠的后果

当一个老师被疲惫压倒，进入一种绝望或无用的情感状态，后果是可怕的。倦怠的教育者会：
- 对学生不关心。
- 对学生不负责。
- 对他们的责任和义务都不太关心。
- 较少联系和支持他们的同事。
- 较少积极地联系家长。
- 他们的职业生涯更多的幻想破灭了。
- 在学校和家庭中的作用更小了。
- 更容易受到各种疾病的影响。
- 更高的缺勤率。
- 更容易退出行业。

教师压力与职业倦怠的现象从工作缺勤的增加开始。另一个后果是对行业和社会的深刻影响：教师流失。在州立克莱姆森大学国家辍学预防中心工作的富兰克林报告称，美国教师的流失率高于学生的辍学率（斯查格尔，2010）。

根据中心的研究数据表明，一半的教师在他们工作的第一个五年中就退出了。导致教师不满、流失的常见原因包括：比以往任何时候都要严格的职责，更多的文书工作，时间规划的缺失，问题学生的行为，太过沉重的工作量，支持的减少，低工资，缺乏权利（辛格尔顿·里克曼，2009）。

所有有关教师流失的文献中都提到了如退休和搬迁等因素，但工作压力和职业倦怠是关于教师流失的报告中的主题。

我们能做些什么呢？

这一切都听起来像是一个坏消息。但你可以把它变成一个好消息——做一个可以很好适应充满挑战性的工作的教育者，而不是一个逃避倦怠和不良影响的压力的逃兵。可以采取这些具体步骤：

1.警惕自己的压力水平

许多人甚至没有意识到他们处于压力之下，直到健康或其他问题开始出现。不时停下来检查下你的压力水平。注意前文中列举的压力和职业倦怠的症状。同时，采取第1章中的个人压力测验。有些人觉得真正保持一个对压力的记载（识别每一个压力源，注意你的身体和情感的感受，记录你的反应，并描述你做了什么或可以做什么，让自己感觉更好）的做法很有帮助。

无论你使用什么方法，试着找出在你的生活中压力的具体来源。不要解释这只是暂时的，别责怪别人或外部的力量。仔细审视自己的习惯、态度、事情等围绕在你身边的压力。

记住：作为一名教师，你是如此的忙碌，如此习惯先去想别人，你可能很容易忘记一个你课堂上很重要的人——你自己！

2.调整你对压力的态度

大多数人每天都会经历各种形式的压力。日常压力源可以包括：未解决的冲突、绝对的责任感、经济压力或突然的一个生活变化，如生病、婚姻状况的改变、孩子的出生或就业的意外变化。

压力是不可回避的，而教育者并不是唯一体验压力的人。压力也并不总是消极的，也不需要被人看作是一种消极的力量。一定程度的压力是我们生活中必不可少的。它是推动我们解决悬而未决的问题、满足最后期限或保护自己远离危险的动力。

积极的压力可能是你在一个艰巨的任务过程中的感受或者是一项艰难的项目完成后的巨大满足感。

例如，我喜欢去访问幼儿园的福莱特夫人的课堂。一天早晨我很惊讶地发现她额外地休息起来，让她的幼儿园班的上课停止一小会儿。"在与这些可爱的小孩单独相处五分钟后，我准备打开安全窗并尖叫来释放自己。学生们的数量似乎不断在增加，就好像在街区的中心一样吵闹。他们每一分钟都在问我，拉

第一章　教师的压力可不是件说笑的事

着我的裙子，各种告状，说小男孩使用厕所后没有洗手。 我终于离开教室找了两片阿司匹林和加热垫。 然而，当我走进一个初中的教室里，所有的学生有着大大的笨拙的脚和尖尖的肘部，脸上的痤疮也很多，这些似乎比即将到来的总统选举还要重要，这些学生不能停止打闹，不能停止一个人撞另一个人——而我是一个快乐的人。 对我来说，相较于幼儿园的压力，八年级就已经等于幸福了。 要认识到压力、威胁或不受欢迎的环境一定是可感知的。 这里的关键字是可感知，我认为在幼儿园的教室中，我只是做了一个不受欢迎的成年人，因此，我的压力反应是非常真实的。

例如：班克罗夫特女士在她的教师信箱里看到了一封来自校长的信。 她一片恐慌，冲向同事的教室。"我只知道这是一个解聘通知！"班克罗夫特女士说，"我听说他们正在赶老师走！ 霍华德的母亲一定是向管理者抱怨过我，已经不只一次了！ 我该怎么做？ 我儿子需要抚养，而我们正要买一辆车，我需要我的工作！"

当她处于恐慌的同时，班克罗夫特女士的同事慢慢打开信封，这是当地餐馆的一份礼品证书，是校长对于一个额外项目的谢礼，已经有两位教师获得了。 这个充满压力的反应是由班克罗夫特女士对于威胁的认知所引起的，即使这威胁并不存在，应激反应却是真实的，尽管并没有危险。

即使面对相同的压力源，人的态度往往能决定压力对自己的影响。 在下面的情景中，教师在潜在的压力的情况下，每个人的反应决定了个人的抗压水平。

情景 A

乐队老师麦克尤恩收到了一封信说他的音乐课由于预算消减将不再是学校课程的一部分了。

高压力的反应：恐惧和焦虑立即来了。 麦克尤恩恐慌地想知道他人生的下一步将会是什么。 那晚上他回家，坐在客厅里，把灯关掉，看电视购物节目上的运动器材。 随着时间的流逝，麦克尤恩先生向他的一些好朋友抱怨，他们开始躲避他的电话。

低压力的反应：麦克尤恩先生决定追求长久的梦想。 他决定跟他的朋友一起组建自己的乐队，在当地的酒吧里或者某些特殊的场合表演。 同时，在家里开设钢琴和吉他课程，并在教堂唱诗班找一份指导性的兼职工作。

11

> **正能量小贴士**
>
> 通常,你有能力确定压力的影响是积极的还是消极的——这取决于你个人对"危险"的看法、你的反应和你应激技能的程度。一个人的乌托邦,可能是另一个人的炼狱。你对于自己的压力水平拥有发言权,所以掌控它。

场景 B

波特夫人,是五年级的老师,她要准备星期一上课用的教案。但她的丈夫希望进行一次过夜的露营之旅,周五工作结束之后就走,周六晚上回来。

高压力的反应:在山上的营地,这是美丽的一天。树随着微风沙沙作响,小鸟甜蜜地歌唱,下午万里无云,晚上很可能会有灿烂星空。然而,即使在离开家之前,波特夫人就讨厌野营旅行,她不喜欢弄脏衣服,食物中掉进昆虫,或是离她的吹风机太远。波特夫人也会因为太平静而发疯,她不能停止思考她的教案,只要她一回家她就要立即准备好。

低应力的反应:在山上的营地,这是美丽的一天。树随着微风沙沙作响,小鸟甜蜜地歌唱,下午万里无云,晚上很可能会有灿烂星空。虽然她不喜欢露营和离开自己的吹风机,但波特夫人发誓要在周末休息和放松,尽情享受家庭时光。她计划什么都不做而去长时间地散步,让她的丈夫做饭。她知道回到家也可以把课业计划完成。事实上,美丽的营地甚至可以作为她本周科学课的灵感!

> **正能量小贴士**
>
> 没有什么样的压力比迎合某人的决定、意见、态度和行动更困难的了。当你无法改变另一个人的思想或状况时,有一件事你可以改变,就是改变你自己。你可以改变你的态度、你看问题的角度,或你的反应。

现实是这样的:我们都面临着潜在的压力,每一天都可能出现好几次。有时一个不太愉快的反应是不可避免的,但如果你能努力工作,向着正确的方向,让压力呈"玻璃瓶半满"的心态,你可能会活得更长,保持健康,保持你在一个非常有意义的职业位置上。

思考下面的不同

消极的想法	积极的想法
唉,这对于我来说都是陌生的	我愿意接受这个挑战
我没有资源来战胜这些	需要是发明之母
这太复杂了	也许有解决这个问题的另一个途径
我不喜欢改变,而这改变太多了	我试一下,我不会失去什么吧?
没有时间去完成这个事了	我们看下,能否转变个角度

3.采取减少或消除压力的具体措施

它不会自动发生。将它说出来，或对自己说"面对这压力我得做点什么"。让自己停止走向职业倦怠。你需要一个有意向的计划来平衡你的工作、娱乐、重要的人际关系、健康的生活习惯。有很多好的书籍和其他资源可以帮助你找到应对和消除压力的有效方法。你的计划里可以包括以下策略：

- 多笑一笑。
- 做出健康的食物选择。
- 持续运动。
- 将任务排序。
- 听音乐。
- 看有趣的电影。
- 深呼吸。
- 读一本好书。
- 瑜伽。
- 学会说"不"。
- 长时间的、放松的泡澡。
- 设定现实些的期望。
- 按摩。
- 建立支持系统。
- 写日志。
- 成为一个好的朋友。
- 意象引导。
- 健康饮食。
- 园艺。

- 加入更好的组织。
- 表达你的感受。
- 需要帮助时就请求帮助。
- 成为一个合作的、乐于助人的同事。
- 用积极的方式释放情绪。
- 减少咖啡因摄入量。
- 学会原谅。
- 合适的反馈。
- 减少拖延。
- 有意识的放松。
- 调节你的饮酒量。
- 减少承诺。
- 愿意妥协。
- 改进时间管理。
- 喝绿茶。
- 愤怒管理。
- 与朋友和家人在一起。
- 积极思维。
- 玩游戏。
- 改进沟通技巧。
- 学会自我宣传。
- 自信训练。
- 面对问题而不是逃避问题。

不要把这些东西当作偶然,或是把它们放到最后。要有目的、有计划地消除压力。为了在你的工作和生活中保持健康,你必须从不间断的压力中逃离。看清楚压力的情况,想想你该如何改变情况(避免或改变它)或改变你的反应或态度(适应它或接受它)。

教师小贴士

不要试图控制你无法控制的。

——一名中学教师

4.彼此支持

正如我早些时候提到的，人们经常不能自己控制住压力，一旦爆发，就超越了自己的控制能力，至少在一些主要的健康问题或其他危机发生时是这样。千万不要让事情坏到如此严重的状态才重视！注意，不仅仅是为了自己，也为了你的同事。一旦你出现了长时间感觉压力的迹象时，请让对方知道。

强大的支持系统是降低教育压力和留住教师的重要因素。许多学区是采用指导计划，以帮助新老师适应他们的新的教学岗位。在2004年，一个州的新教师指导计划，让新教师的流失率由原来的37%减少至五年后的9%（鲁瑟曼，2004）。而且，一些州的教育部门已经开始重视教师职业倦怠的问题。有一些地方引入具备更高的技能水平的人进入教育行业，许多地方都在提高教师薪酬。当然，薪酬补偿并不是万能的（因为甚至连高职称的专业人士也会感到压力很大）。

通过提供事业中有效的成长机会和保留计划也可以帮助州政府保留有经验的教师。他们将变得精力充沛，愿意承担额外的领导角色和责任，这样也可以提高薪酬、信心、成功、享受。例如，一些州和学区为指导新教师或学校中苦苦挣扎的教师的导师设置奖金。

发挥积极作用，帮助学校制订政策和程序，保护教师的身心健康。实施文书消减政策，广泛地实施家庭作业政策，支持家校合作，给予足够的专业发展，良好的教师和学生的支持服务，充足的课后工作的补贴，强大的志愿者活动，更高的报酬——这些都是行政领域内可以减少教师生活压力的做法。检讨学区的计划和教师集合和保留计划，如果自己学区的计划和程序不能够解决或缓解教师压力的问题，可以参照其他学区的做法。

5.清醒地避免倦怠

如果你在马路中央看到一个障碍，你可以绕开它。你当然不会一步一步地走向那个危险的目标。所以，你为什么看不出疲劳的迹象，并引导自己清醒地走开呢？如果你处于持续不断的压力下，你就有可能走向职业倦怠。大多数专家会告诉你，停止你正在做的，做一些不同的事情。这并不一定意味着你需要放弃你的工作。你可以在管理你校内外生活的方式上"做一些不同的事情"。

首先，要注意的是这些将增加你倦怠的可能性迹象：

- 做了太多而不知道什么时候说"不"。
- 设定或接受不现实的目标。
- 在一个有不合理并有惩罚性规定的环境下工作。

- 做与实现个人价值相反性质的事情。
- 在一个你觉得你没有发言权的地方——你无能为力,你觉得你所做的毫无价值。
- 试图(或预期)把所有东西推给别人。
- 变得无聊,因为任务没有挑战性,或者是因为你没有尝试过任何新的东西,或做任何事情都不能成为一个专家行手。
- 让自己感觉到被困在一份工作中而无法采取行动。

记住,如果你不断感觉到无力、绝望、情绪疲惫、沮丧、孤立、易怒、陷入绝望、愤世嫉俗或冷漠,这就是职业倦怠的症状。每一个人的情况都是独一无二的(即使是教师也是这样),因此根据你自己的趋势和你自己的情况来判断。关于减少和缓解累积压力的建议,遵循这些提示,以防止职业倦怠,使自己从职业倦怠中恢复过来。

聚焦一个支持系统。每个老师都需要一个强有力的支持系统,这是由各位老师、管理者和家长形成的系统。合作的、有能力的同事和导师会帮助你应对今天教室中的挑战。如果这样的系统不存在,与一些同事一起创造一个。一个良好的支持系统的一部分是有一个充满挑战的氛围。确定那些会带着诚实的反馈提供支持的同事。

继续你的专业发展。通过研讨会、网络研讨会、专业组织的会员活动、教育期刊与书籍、在线课程或额外的大学培训等获得专业发展的机会。会不断提高他们的知识和技能的教师不太可能被挫折和压力所吓倒(哈里,1991),而且有更少的可能会离开这个职业(全国教育协会,2003)。

积极的工作态度。你自己的态度是最强大的积极行动的工具。有了积极的态度,你会将压力情况看作挑战而不是不可能性(哈勒尔,2003)。区分你能控制的事情和不能控制的事情,然后,你便可以专注于有可能改变的领域——你会有更少的压力和职业倦怠的风险。你可能无法改变地区或学校,但可以改变你的行为、你的态度和你的课堂。

提前行动。当你故意从反应性的立场转变成为积极的一个立场,你的压力会减少,你将更有可能避免职业倦怠。采取措施来改变压力。保持(与学生父母的)畅通交流。例如,让家长了解时间表、学校政策、课程目标、孩子的进步和需求等,你就会减少家长的挫折感或要求,让他们的不满变成一种惊喜。

有效地管理你的时间。读一些时间管理的书或课程。有效的时间管理,有助于教师协调那些令人难以置信的日常需求。戴维斯、埃谢尔曼和麦凯(2000)

建议：明确价值，决定什么是重要的，评估现在花了多少时间，设定目标，制订行动计划，与拖延症作斗争，组织好你的时间。

留足放松的时间。做些计划，"老师必须做好日常规划，从而建立一个更好的维护自己的情绪健康的关系，因为这涉及他们的工作"（坎特，1994）。

激情重回

许多关于压力和职业倦怠的建议都适用于日常生活和许多不同的职业。但教育者有它自己特定的压力源，如过度的文案工作，与家长之间关于课堂管理的分歧，与家长紧张的关系，与领导和同事沟通不畅，官僚制度的过度要求，工作日结束并不意味着工作的结束，额外的责任等等。使用这本书的放松策略，将有助于你改变这些，使它们不那么有压力。当你这样做时，会变得更好。你就能体验到你工作的快乐，很可能会重新爱上教学。

我的建议

午餐后来一个轻快的散步。即使你只有时间在停车场或开放的庭院中快速步行，不一样的风景和锻炼也会让你感受到世界的美好。

遵循中国的谚语："好记忆不如烂笔头。"随身（或在你的桌上）带一个日记本，帮你记住重要的东西，也有助于你了解你要优先解决的事项。

当你从学校回到家里时，花 10 分钟，把脚翘起，放一条凉毛巾在你的眼睛上，听你最喜欢的歌，如果你喜欢还可以点燃一支蜡烛。让自己容光焕发。

每一天都找点时间做你喜欢做的事。

本章标题说，教师的压力并不是什么说笑的事情，其实这并不完全正确。压力就是一件可笑的事情——因为笑可以缓解压力！所以要每天笑几次。

工具

18：个人压力测验
19：你如何呼吸的
20：你的脑中会浮现怎样的画面
21：让音乐来抚慰你

个人压力测验

试着以这个简短的小测验为自我反思的方式,反思那些预示着压力增加或是走向倦怠的经验或情绪。对于每一个项目,在最好地反映了你的感觉的选项下打勾。

1.最近我周围的所有人(管理者,家长,老师同行)似乎都是无能的。他们所说的和所做的一切都与我所相信的相背离。就连我的学生今年都不在状态。 我觉得这种情况存在于: 　A.所有的时间 　B.一些时间 　C.从来没有	2.我感觉我的教学策略和内容都停滞了,而我不能尝试任何新的方法或材料。 我觉得这种情况存在于: 　A.所有的时间 　B.一些时间 　C.从来没有
3.我连一些简单的事情都没有时间做,如晚餐后散步、翻阅杂志、午睡,甚至是在周末看一个最喜欢的电视节目。 我觉得这种情况存在于: 　A.所有的时间 　B.一些时间 　C.从来没有	4.同事们不断地问我有什么不妥,而我觉得并没有什么,我希望他们离开我让我一个人单独呆着。 我觉得这种情况存在于: 　A.所有的时间 　B.一些时间 　C.从来没有
5.我带着很高的期望开始我的教师生涯,但许多努力现在看来似乎没有意义,学生父母并不回应我,学生没有动力也不合作,我的校长每月都有新计划(但没有真正改变什么)。 我觉得这种情况存在于: 　A.所有的时间 　B.一些时间 　C.从来没有	6.我的校长不支持我。他整天坐在办公室中享用美味的行政午餐,我唯一听到校长说话的时候,是所谓的每周例会,要求我做这做那。 我觉得这种情况存在于: 　A.所有的时间 　B.一些时间 　C.从来没有

第一章　教师的压力可不是件说笑的事

7.我几周没睡好觉了,我希望整个周末我可以躺在床上,把头埋在枕头下。 我觉得这种情况存在于: 　A.所有的时间 　B.一些时间 　C.从来没有	8.我不再喜欢和同事一起工作来为学生改进学习过程和程序,我越来越拒绝互动、联系或合作。 我觉得这种情况存在于: 　A.所有的时间 　B.一些时间 　C.从来没有
9.我很难与我的家人待在一起,当我们有时间在一起时,我胡思乱想,发现他们干扰了我。 我觉得这种情况存在于: 　A.所有的时间 　B.一些时间 　C.从来没有	10.当我闭上眼睛休息片刻,或者试着在夜晚入睡时,我的脑子里不断重复我为学生们做过的事情。 我觉得这种情况存在于: 　A.所有的时间 　B.一些时间 　C.从来没有
11.清晨我觉得工作很难,于是寻找借口让今天休息下。 我觉得这种情况存在于: 　A.所有的时间 　B.一些时间 　C.从来没有	12.我觉得身体不适和疲惫。我有病痛,如喉咙痛、偏头痛、头痛、胃部不适,这些都比以前出现得更频繁。 我觉得这种情况存在于: 　A.所有的时间 　B.一些时间 　C.从来没有

　　回过头看一下你的反应。如果你发现你大部分选择的是"A"或者"B",那么这预示着你正快速地走向职业倦怠。不要忽视这些预兆,而是要采取一些行动来释放你的压力从而好好照顾自己,并重拾对于教学的热爱。从下面的章节中挑选一些方法来帮助自己置身于一个低压力的教学生涯中。

你是如何呼吸的

　　呼吸有助于调节血压、心率和循环以及其它身体机能。注意你的呼吸方式,你会得到一些压力水平的提示。

　　压力会使胸部组织收紧,减少肌肉的运动范围,这就导致了"胸式呼吸"(浅呼吸，更有利的呼吸是深呼吸、腹式呼吸）。快速的、浅的胸部呼吸会对通过血液输送氧气和营养物质造成损害。观察自己是不是"胸式呼吸"，学会深呼吸去减压或减轻压力对你的健康的不利影响。

> 你怎么知道你是用胸部还是腹部呼吸呢？
> 将你的右手放在你的胸口，将你的左手放在你的腹部。如果你发现右手随着你每一次的呼吸而升高，那么你就是一个用胸部呼吸的人；如果你的左手升高，那么你就是一个用腹部呼吸的人。当你感觉你的压力增加的时候，试试每天练习两次以下的呼吸技巧。

1.将你的一只手放于胸口，另一只手放于腹部。集中你的呼吸，放于你的腹部的手就会升高。

2.用你的嘴巴呼气，然后慢慢地用你的鼻子吸气，即使你想吸入你所在空间里所有的氧气，你也还是保持一个慢的速度吧，比如每次七秒。

3.以每次八秒的速度用嘴巴呼气。收缩腹部的肌肉以确保所有的空气都排出。谨记深呼吸是吸气彻底、呼气彻底。

4.重复以上动作五次。你将每十秒呼吸一次或是一分钟呼吸六次，以这个速度呼吸你的心率将会很正常。

你的脑中会浮现怎样的画面

职员在内部销售或者是电话客户服务时习惯于在他们对面放一面镜子，这样就可以看到与客户交流时自己的面部表情。这种做法是很有效的，因为它可以通过面部表情（肢体语言）的反馈来改变一个人的态度和行为。

在你教室的墙上——你经常路过或逗留的地方放一面镜子。时不时地停下看一看里面浮现出了怎样的自己。想象这是你这一刻真正希望浮现出的自己。关注学生对于你所浮现出不同的样子的表现。同时，用这面镜子经常地给自己一个友好的微笑。研究表明微笑可以降低你的压力值，它同时也将一个更友好、更迷人的你展现在你的学生面前。

今天的样子：写下你在镜子中看到的

1.	2.
3.	4.

用一个句子来总结你从反思你今天的样子中得到的启示。

让音乐来抚慰你

音乐能够减轻和改善压力，但并不是所有你喜欢的节奏都有减压的功效。所以当你寻找音乐来舒缓你的情绪时，要仔细地挑选。有一些类型的音乐被发现拥有最强的对压力舒缓的效用。

当选择音乐来减缓你的压力时，可以参考以下选项：
- 你喜欢的（当然）。
- 有鼓声或长笛声。
- 现场演奏的。
- 用大自然的声音创作的（如海浪声、潺潺溪水声、风声、鸟鸣等等）。
- 带有重复性和循环性的节奏。
- 可以在你工作时做背景的音乐。

•节奏比你的心跳慢（每分钟 72 次或以下，这会帮助降低你的心率并增加深呼吸）。

•能够唤起美好的回忆（如儿童时代的歌曲或老歌）。

增加音乐正能量

配合放松疗法，如深呼吸技术。 坐在舒适的位置上，平躺在沙发或地板上——坐在你最舒服的椅子上。

戴上耳机有助于你专注于音乐。 听着你最喜欢的音乐散步。 在音乐声中凝神静思。

每天结束时来个 20 分钟左右的音乐澡（并不需要水）。

在教室中播放轻音乐，学生也需要舒缓放松。（当你的学生的压力水平降低时，你也照此继续。）

第二章 被文书工作掩埋

寒冷的风吹在那个向前走的妇女身上,她慢慢地向前走,迈着疲惫的脚步,她穿着一件斜纹棉布毛衣,用红色的小苹果作钮扣。 在她的胸前是一个由干燥的面团做成的胸针。 抓住你眼神的是她手上的袋子,这个女人拿着似乎很重的帆布袋,袋子上有一些装饰的红色字母和其他显示教科书的公司标识。 每个袋子都装满了文件,那些文件在微风中抖动着,可能下一阵风来,这些文件就有被吹飞的危险。

这个女人是谁,她没有家吗? 她住在街上吗? 她是否在厨房翻找吃剩的食物? 或者向陌生人要一些零钱? 不,这个女人是老师,正把一些试卷和作业及其他的文案带回家,多少次你像这样,携带成堆的文件、项目、测试、心理量表、课程计划回家? 多少次你的工作时间变成了十小时、十一小时还是十二小时的马拉松?

当你发现你希望将你所有的成绩单上都画上A⁺,来让你的生活更轻松时,那么你就是一个充满压力的老师。

失去热爱

问一群老师,最为繁重的是什么工作。 回答最多的是:"文书工作。"大部分的老师觉得被埋在成绩单、要填写的表格、要保存的记录、要提交的报告、测试用的试卷、要评分的测验中。 所以老师们喊出:"够了，就让我们只教学吧！"

成堆的文书工作可以把你磨坏，让你没有充足的睡眠，没有任何时间放松，没有时间培养与家人和朋友的关系。这只是你做的一项文书的工作而已，然后就有了所有这些未完成的任务，使你的脑袋保持紧张的状态。那些真正让你忙得不可开交的东西，加在一起，对你的健康也不利，也对有效的令人满意的教学不利。

事实上，你可以大大减少时间和压力，只需要一种思维的改变，以及一些非常具体的做法，书中的策略可以帮助你释放，并帮助你做回那个有创造性的、有同情心的、精力充沛的老师。

很多作业不等于好老师

你是否在黎明前的几个小时惊醒（哪怕只有一次），你的脸埋在一个空的咖啡杯中，而你的手还继续在学生以"三个人""死去或活着""我最欣赏的是"等为主题的作文纸上一遍又一遍地写着"好"。如果是这样，一定要仔细阅读这一段，并且多读几遍。

去年，我注意到我们学校中一个年轻的老师看起来很疲惫，每天都如此。她从活泼的六年级的吉杰特女士变成了死气沉沉的吉杰特女士。一天早上，我可能问错了什么，她就像一个堤坝决堤了，"哎呀！"她滔滔不绝地说，"这都是我带回家去的那些文件，我晚上熬夜。我觉得学生需要每一个任务都得到反馈，我教数学、社会学、科学、语法、创造性写作和拼写，如果我在每一门课上都给学生布置上一点作业，加上家庭作业，26个学生，就是数百张作业纸，每天晚上都得批改。"

第二章 被文书工作掩埋

这个老师被挫折和疲劳所侵袭，我抓住她的肩膀轻轻地摇晃，强迫她看着我的眼睛，"听我说，"我慢慢地但是坚定地用我最虔诚的话说，"你并不需要每一页都改！"她的喜悦和靠山马上就来了。就好像我已经告诉她，在剩余的学期我会接管她的班级，而她就可以在教师休息室，好好地过一个长长的午休，做一个美梦。我并不认为也不建议学生的写作努力应该被忽略（你可以用"我的狗吃了我的家庭作业"这个借口很多次），这是对学生的责任，对父母和学校也是如此。我的建议是，你应该发现实践、教学的技巧，少一点纸上作业而采用更有效的评估方式。过去，教师的好坏可能是根据布置作业的数量来评判（大量的作业意味着好老师，都是这样想的）。而现在，这可能是效率低或者没有组织性的表现。采取一些明确的措施让你和你的学生从这种冗余中逃脱。这里有一些建议可以帮助你开始。

开始纸上作业之前，重新思考你的作业习惯，减少你设计的每一份作业的作业量（也许你可以想想要造这么多的纸该砍多少树啊，或者你的学生的手都会写痛，或者你都会读到头痛，或者问每个人这个问题"什么时候是个尽头啊"并且正视对它的回答："天知道何时是个尽头。"），确信你布置的每个作业都有教育的价值。试着不用纸张而用其他的方式看学生如何实践练习。就布置你教的内容作为家庭作业。不要为了学生忙碌而布置作业，或者以为这样做会让家长认为你就是负责的老师。

- 思考是谁要做家庭作业。如果把家长坚持要做的作业当作是这些孩子要做的，那么可以认为这是一种纸张的浪费、你的时间的浪费。你应该只给孩子们他们自己真正想做的。

- 当你布置家庭作业时，少一些，直奔主题。五个问题比十五个问题更好些，一段总结比两页总结要好。

- 把各种作业组合起来，布置需要纸张少得多的任务。

- 请确保你为每个学生都准备了一个小的擦除板，这样他们就可以显示他们所知道的，而不需要在另一张纸上来写。

- 快速收回所有作业，如果不能及时得到这些作业的话，就不要布置了。

- 如果你的作业是有意义的，你可以给更少的纸质作业。试着这样做，一个星期，记录下你所布置的作业。包括你所布置的给学生的东西，你收集的检测或学生的评分，然后再想想，这些碎片，你可以不要吗？每一件都实现了什么？这是必要的或者有意义的吗？对一个概念的理解有什么帮助？不用纸质作业能够实现同样的目的吗？

25

保持走动

我当了一年时间的当夏洛克的历史课老师和班主任,当我调到了七年级一段时间后,我还不知道他有多高。 因为,他从来不从座位上站起来。

今天的老师们则更灵活了(你可以从我们穿去上班的鞋子看出来)。 我们可以使用这种流动性来减少我们必须做的分级工作。

把流动性和明确的学生工作目标相结合,你可以发现,在学生知道或可以做什么的同时,你自己的文书工作也减少了。

你布置的大多数家庭作业都可以快速复述,你不用带到家里,或在你休息的时候仔细研究。 当你想检查作业时,拿着你的笔记本或分数本快速地在教室里走动,扫描每个学生的作业,对完成质量做标记或笔记。 如果你遵循以上建议,你就不难做到简短、易于管理的家庭作业。 你可以容易地看到哪些学生学习存在困难。 你需要收集和审查的唯一的家庭作业,就是那些较长的书面作业。

> **新老师提示**
>
> 小心掉入学生成绩的陷阱——让学生互相批改作业,即使这看起来是一个简单的减少你的工作量的方法。这种做法侵犯学生的隐私,往往会引起学生尴尬或羞耻,导致课堂社会关系复杂化,特别是对低成就的学生有负面影响,许多地区甚至已经有政策禁止这种做法。

你可以使用流动性技巧来减轻课内作业:

- 事先,确定你的标准或目标,以需要掌握技能或概念。
- 举例来说,这是六个正确回答了数学问题的答案吗?如何在这个短的段落中正确识别代词?如何在连续三个句子中适当地使用西班牙语的动词"SER"?
- 学生们开始在他们的桌子上写作业,检查他们是否在正确的轨道上。通过询问每个学生是否在学习状态中,可以在他们陷入困境之前,就把问题解决了。
- 在教室里来回走动,这样可帮助那些正在为答案烦恼的学生,你可以迅速查明混乱的原因,而不涉及所有学生,这样效率更高。
- 请记住你的目标,当你走过时就收了学生的作业,例如,你看见六个正确的解题思路。当一个学生已经完成这个目标,可以移动到其他一些预定的活动中。

• 在你的走动中,在笔记本或分数本上记录你所需要的任何信息,给出一个标记或评级。一些教师随手携带一个手持电子设备,登录分数数据库,或者,你可以制作卡片集来记录那些需要你评估的学生。

当你使用上面这个策略,你的学生将会实现更多的目标,表现得会更好。你的存在帮助他们保持专注并保证他们不会迷失在混乱中,或者偏离任务。 你鼓励和确保概念被理解,学生会更好地完成高质量的工作。 他们会被激发,会有更大的满足感,这与把学生放养而不管是完全不同的。

当然,一个持续的习惯可以使你给予个别学生素质教学,这对学生也是有利的。 同时,它使你不必需再将这些纸上作业带回家并打分(另一个好处是减少了压力)。

使用评估量表

洛斯·桑托斯女士决定用她夏天开发的一些新方法,尝试一些新的激励教学策略。 她计划在课堂上设计更多的小型学习组、日志、基于任务的作业项目,以及学生自我展示。 然而,不到一年,这些作业措施增加了她的文书工作负载(她的压力水平也增加了),这是因为:她发现分级对于这样的活动是不够的,她需要为每个学生的项目、团体参与或自我展示写评语,需要详细说明哪里做得好,哪里需要改进。 想象一下她工作时间一定会剧增!

洛斯·桑托斯女士需要知道评估准量表——这样一个身披闪亮盔甲的骑士已经准备好帮助她来缩减工作时间。 通过使用一些结构简洁的评估量表,她可以给她的学生提供精炼但有用的反馈,同时减少她的文书工作。 除了文书工作减少的好处之外,评估量表还可以给学生及其家长提供清晰、具体的目标。

评估量表将生成一个关于评价的种类、纲领的规则,可以概述每一类别水平的情况。 让我强调最后一点:要让学生理解,评估量表的使用,是根据他们的成绩来评价的,而不是教师随意(随意性,至少从学生的角度看)分配分数。 在评估准则中,分数要客观和透明,要基于可测的、可理解的标准。 一个学生的学习与另一个学生的学习并不相矛盾。 每一个学生都是在接受公平标准的挑战。 学生不必猜测一个分数的含义。

许多研究表明,反馈是一个提高学生成绩的有效策略,然而,一种特殊形式的课堂反馈——给定评估标准的评价结果的反馈会比其他形式的反馈让学生成绩提高得更快。在福斯著名的1986年评估研究中的21次评估中，当学生收到（或参与）基于具体目标的，并且是提前知晓的评价时，学生的分数提高了32个百分点。这种评估量表提供了完美的指导案例。

怎样设置评估量表

评估量表是一个评分的工具，是与学习目标相关的一系列评价标准。它可以在许多任务和作业方面用来评估一个学生的表现，虽然形式、内容和使用上有很大的灵活性，但至少应该包括下列内容：

1.被测量的目标。这些可能是书面形式的行为、结果、任务和任务组件或表现。你要自问：你的目标是什么？哪些概念是至关重要的？学生能完成什么任务？学生理解和记住这个话题的主要的想法是什么？

2.一系列来为实现目标的行为打分的分数。为每个能力水平的表现赋值。每个评价项的分值安排，会因为学生组年龄的不同而有所不同。虽然学生和家长都很习惯字面的评价，但数字评价会更具体、更容易计算。你可以将数字评价转变成一个分数来匹配你的分级量表。例如，在下面的例子中，最高数字分数可能是12分，你可能会给9或更高的分数一个A。

3.制订详细的行为特征或标准来划分目标实现的等级。标准需要描述不同层次的学生的表现或符合目标的情况，随着标准逐步增加挑战性，分数是逐步增加的。标准必须明确，确保没有被曲解的空间。

> **教师小贴士**
> 如果你打算将评估量表的分数转化成字面的分数，那么你需要给学生一个尺度标准，这样他们才能提前知道要想得到一个特定的分数应该怎么做。
> ——一名高中教师

下面的示例将以上的三个部分融合在了一个评估量表里。这个量表是用来评价学生在七年级的"戏剧诗"团体表演中的表现。

戏剧诗,7年级

目标	能力水平标准			
分数	4分	3分	2分	1分
阅读和解读戏剧诗	解读每句诗都能用个人的感受来解读,至少能从诗歌中找出三个细节来支持每一个解读	解读每句诗都能用个人的感受来解读,至少能从诗歌中找出一个或一个以上的细节来支持每一个解读	相关的解读每句诗歌就能写上一些个人的感受,有一个或没有充实的细节来支持	尝试解读每读句诗歌,很少个人的感受,也少有或者没有细节来支持
分析明喻、隐喻、拟人化和讽刺等手法在戏剧诗中的使用	在两首选好的诗歌中,明确解释至少六个用到明喻、隐喻、拟人化和讽刺手法的例子	在两首选好的诗歌中,明确解释至少五个用到明喻、隐喻、拟人化和讽刺手法的例子	在两首选好的诗歌中,明确解释至少四个用到明喻、隐喻、拟人化和讽刺手法的例子	在两首选好的诗歌中,明确解释至少三个用到明喻、隐喻、拟人化和讽刺手法的例子
识别戏剧诗的主题	清楚解释每一首诗的主题,联系学生的现实生活,例举使用这首诗的多个实例	充分解释每一首诗的主题,联系学生的现实生活,例举使用这首诗的几个实例	充分解释每首诗的主题,试图与自己的现实生活相联系	充分地尝试去解释每一首诗歌的主题

> **教师小贴士**
>
> 避免使用模糊的标准,如"显示了对材料的理解""很好地参与""很好地利用创意""有趣的介绍"或"恰当的深度"。这些解释对所有类型的教师和学生而言都是适用的。记住,一个标准的优势是客观的。
>
> ——一位拥护评估量表的四年级教师

适用于幼儿的评估量表

很明显,在使用评估量表时评分给高一点,会给教师和学生带来许多的好处,这对于更小的学生当然也是有用的。下面的评估量表是华盛顿州的沃尔特小学用来评估幼儿园的孩子的写作技能的。

幼儿园学生的写作目标

学生要做些什么?	完成得怎样?			
学年结束时学生将能够:	3分 (精通)	2分 (还需进步)	1分 (初级)	0分 (不明白)
写一些简单的词汇,把词汇用图形表示出来	能够使用大多数词汇的最初和最后的辅音;使用图形创造词汇——大多数是可由读者判读的	知道词汇的字面形式;使用一些与词汇字母发音相关的词汇去尝试形成词汇;从图画中分离"词汇"	尝试知道词汇的字面形式;从图画中分离"词汇"	不会创建任何各类的"书写"

> **给新老师的小贴士**
>
> 非常小的学生的家长往往对分数或者对孩子的技能进行分类极度敏感。他们可能不完全了解在孩子的身心发展的早期几年中,能力的进步速度是不同的。在创制一个评估量表时,不要使用术语,这会让父母感觉焦虑。
>
> 例如,避免使用我不久前看到的利用"高度熟练的、中等熟练的、不熟练的"这些概念(而不是数字)来衡量幼儿园孩子的能力的评估量表。你想想,你想听到你那五岁的孩子被评价为"技术差"或"不熟练"吗?

使用评估量表的提示

一个量值不一定适合所有的学生。 是的,评估量表的好处是可以使对学生的期望标准化。 但没有任何规则可以适应所有学习风格的学生的需要。 不要强迫任何一个学生去接受一个并不适合他的评估量表,使用评估量表时要考虑到每个学生。

一旦你有了想法,你会发现评估量表比较容易帮你实现,我发现当我做出一个适用于特殊的主题、风格和学生群体的个性化的评估量表时,它也可以很轻松地运用于其他任务。

互联网是一个丰富的评估量表模型的资源库。 可以借鉴上面的一些想法,但要确保它们适合或适应你学生的具体需求。

在你使用评估量表来判断一个学生任务或能力之前,先将你的量表分享给你的学生。 如果他们能够理解这个量表的细则,那就把量表给他们一份,然后与他们回顾和讨论量表的内容。 如果学生太小,不能理解的话,那就告诉他们标准。 学生在他们尝试表现之前就应该知道什么是良好的表现。 如果他们知道标准,他们的学习成绩将会显著提高。

通过学生的帮助来创设评估量表。 给他们自己创设量表的机会,至少,试着以学生能够阅读或理解的方式来解释你的量表(对于小孩子,这可能需要用视觉符号来完成)。

每个评估量表都需要确定能够恰当评判学生完成目标情况的分数是多少。确保使用这个分数可以体现你的要求。 分数低的学生,你需要进一步解释,帮助或实践指导。

建立一个记录保存系统,在那里你可以记录通过评估量表得到的关于作业、理解、过程或任务等方面的分数。确保你量表的标题完全包含了你的记录内容,这样几个月后你能凭标题记起它记录的是什么。被量表的标题完全包含,这样在几个月后你还能记住它是什么。

以学科、线索或者主题分类,将你的评估量表制成一个活页的笔记本,列一个表,这样你就可以很容易地找到它们,再利用它们。

审查本章最后的工具区中发现的样本量规表。

让学生反思作业

让学生参与到评估作业过程中去,即使年龄很小的学生也可以反思一个已完成的任务或项目的好坏。给一个自我反省指南(或一系列口头提问)帮助他们去思考:做了什么、做得怎么样、遇到什么困难或问题,以及他们对作业的感觉。这样做可以减少你的评分和文书工作(这是很好的),但更重要的是它对于学生的益处,因为它们反映了一个已完成的任务,学生可以:

- 回顾他们所取得的成就。
- 对于任务的整体有另一种认识,并且可以回顾概念。
- 使用高层次的思维能力,如分析和评价。
- 将任务与他们的现实生活联系起来。
- 抓住这些要点:意味着什么,符不符合标准,对于表现满意还是不满意。
- 对他们的作业有更深层的个人兴趣。
- 通过实践表达他们的想法和评价。

关于学生反思的建议

这里是一些关于学生反思自己作业过程的建议:

- 想想你认为当学生完成他们的作业后他们还得考虑什么。
- 设计有助于刺激学生反思的简单问题。
- 看看本章结尾部分工具节中让学生反思的示例。
- 不要问太多问题。
- 你可以在不同的作业上问不同的问题。
- 问一问年龄小的学生,听取他们对作业的看法。或者,让他们用笑脸或哭脸来显示他们对问题的反应。
- 确保问题是正面的(例如,不要问"你的工作感觉不好吗?"而是问"如果让你再做一次会有什么不同吗?")。

- 当你回顾已完成的任务时,查看他们的自我反思。很可能这些结果会让你对这项工作做出正确的评价。在你的分数本上做好笔记。或者,在某些情况下,跳过你在这个项目中原定的评分规则,而以这些记录作为你评分的依据。

理解"新生代学习者"

凯瑟琳,一名大学二年级学生,打电话给家里抱怨她在网上错过了注册下学期的课,"也太花时间了,"她抱怨道,"这是一个过时的、繁琐的系统!"

回忆起自己大学时的注册过程,母亲很同情自己的女儿。"花了多少时间,甜心?"她同情地问道。

凯瑟琳疲惫地叹了口气:"二十分钟!"

"二十分钟?"母亲反问道。这让她想到她上大学时体育馆排的长队,那次注册花了一天时间。

你的学生每天都将这些态度和能力带到课室中。

- 他们期望与人们任何时刻都可以自由询息、互联。
- 他们对延误零容忍。
- 他们在多任务的工作中有着轻松和高效的能力。
- 他们对图像有偏好,而不是书面文本。
- 他们的生活和呼吸都离不开技术。

这可能是一种正确的说法:如今大多数教育者在科技产品、科技技能以及沟通习惯等方面远远比不上他们的学生。不像他们的学生,许多成年人感到最舒适的是铅笔和纸的世界。这些差异可能造成学生和老师之间的代沟。消除这个代沟,寻找与你的学生学习、获取和处理信息、交流的方式相关的指导和评价的策略。当你这样做,你会发现,你为自己和你的学生减少了文字方面的作业。

他们如何学习?

考虑这些因素——你的学生和世界的接触方式。

注意:他们正在学习的方式(即使在校外)与你在小学、初中、高中(甚至大学)时的不同。

1.在他们开始阅读之前,今天的学生几乎都在玩耍建设城市和拯救世界的游戏。你可能已经玩过游戏《糖果乐园》,其中要做的最大的决定是弄清楚一些果园的骰子上的点。但今天的幼儿游戏电脑屏幕十分方便,许多学龄前儿童都知道如何在父母的电脑、Pad、智能手机或 iPad 上玩游戏了。

33

2.最新的研究显示，成年人与今天的儿童追求新事物时是不同的。一个成年人的眼球运动如下图所示的模式，是根据我们被教导的阅读模式。

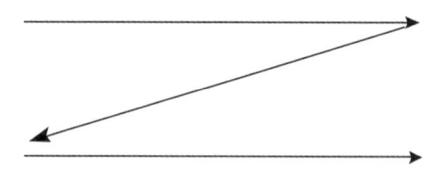

因为视频游戏的定位中，成千上万的学习者的眼睛可以先看到屏幕的中心和底部。那是其中协助他们取得成功的最重要的信息。看屏幕中心是最后一个动作，因为它包含了最少的相关信息。

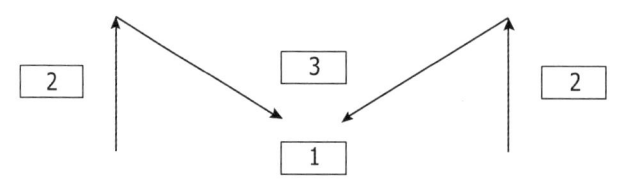

3.电脑、手持设备、游戏和节目，这都是学生喜爱的世界，这一切都在以高速度发展。环境变化和信息处理都是经过按键、转动旋钮、触摸屏幕或指尖轻点来实现的。

4.今天的信息大部分以秒计。我们可能在查找信息、一篇文章、一本书或一个完整的百科词条，而我们的学生却在搜索和查找句子、短语、短段或简短的事实。给学生一个主题，给他们一分钟去搜索，他们可以注意到短而快的部分"信息"，你会惊讶于他们的发现！

5.信息流是恒定的，但通常不太有条理。回想一下，你最近收到的几封电子邮件，一个人或两个人在我的地址栏上写着"亲爱的埃雷拉博士"或"真诚的"，但即使是最职业的接触，我并未得到过用"嗨，诺！"来代替正式问候的招呼。和朋友联系也是以一个消息或一个"嘿"开始，语言随着交流步伐的加快而改变了。

一位老师让学生们写一个简短的暑假反思。这有一个例子来显示语言如何加快了的沟通步伐：

我的暑假完全是在浪费时间。以前，我们去纽约看我弟弟、他的女朋友，我们的三个孩子面对面地尖叫：我爱纽约！这是一个伟大的地方。但我们今年只是待在家里。

6.感谢视频游戏，现在的学生都是高手，他们思考快速，做决策快速，抓住机会也很快速。他们通过反复试验和犯过的错误找到解决方案。他们已经习惯于快速获取知识来避免灾难、毁灭或游戏的终止。

7.学生们的科技共享活动，促使在同一时间内进行多重任务变得容易并成为必须。 今天，一个12岁的小男孩子，他在发信息给朋友的时候可以在空间中或在脸书上更新（或者同时）内容，或是在通话中或检查电子邮件的时候浏览其他同学的空间，哦，他做作业时还可以听MP3、看电视。

8.根据马克·普伦斯基的研究，今天的网络一代的学生建立了超文本思想，他们的思维四处跳跃（2001）。 马克·普伦斯基是《基于游戏的学习》《别烦我妈妈——我正在学习》《数字土著的教学》的作者，他发明了"数字原土著"和"数字移民"的术语。 他是一个热情倡导改变教学过程以期更有效地适应21世纪教学的人。 这其中包括注意孩子从视频游戏中学到了什么。 他解释说，这些学生通过从多个渠道发现和利用信息来学习，他们能很快做出反应，同时他们希望其他人也能很快地做出反应。

老师该怎样办？

以下是对学生的学习和课堂教学策略有重大影响的描述：

打开你的心灵，也许（希望）对于上面的问题最明显的答案是：放弃你的学生会学习你的一切方式的想法，告别所有的作业都基于铅笔和纸张的课堂模式。

打开你的眼睛，注意你的学生学习和操作的方式，用适用于他们"超文本思维"的实质性的方式呈现，不要期望学生用你读一本书的时间一次性做好所有的事情。

关注他们拥有的新技能。 充分利用儿童从科技游戏和电子设备中获得的技能：解决问题、谈判、决策、风险承担和质疑。 把这些技能带入到你的课程中去。

把活动展开。 让信息流快速起来，项目计划中分配给寻找信息的时间越少，综合信息、评价和发现真相的时间就越多。 在"旧时代"，学生可能会需要几个星期来收集资料，完成报告或项目。 现在这些时间用来给他们展示如何深入挖掘和拓宽他们的认识。

不要质疑他们的学习习惯，不要认为他们从数字世界带来的习惯是不利于学习的。 脑兼容的学习研究告诉我们，大脑持有与视觉形象、体育运动、音乐和社会互动等相关的概念。 将图像、声音、音乐、动作和讨论放入他们的作业、实践活动和评估中去。

把他们推到他们需要去的地方，因为他们习惯于以点的形式查找信息。 给予他们提问和讨论的时间，推动他们去分析他们发现的信息、识别其限制以及拓展知识视野。

相信学生可以多任务地完成作业。在课堂环境合适的时候可以让他们这样做：这些学生可以在学习的时候放音乐，因为音乐是"他们的语言"，可以让他们真正地放松，让他们觉得在教室里就像在家里一样，打破常规限制，为考试准备最好的大脑状态，或是为即将到来的任务叫醒、激励他们。许多研究都推荐在课堂上使用音乐。考虑下这个建议，如果你还没有这样做，不妨尝试它。

快去适应快节奏，承认闪电的速度、敏捷的思维、"跳跃"的思想。明确这些能力对于课堂和教学过程的益处并且利用他们设计活动。

在你的课程上建立沟通。当下孩子的生活充满了互动，来回交谈或发短信，分享信息，把这些作为在学习活动中的互动技巧。

立即回应。因为他们生活在一个快速反应的世界，对于他们的作业、评估、问题和想法一定要及时反馈。

机智些。找出所有你能了解的今天的学生是如何学习的。首先，观察他们在手机或电脑上玩电子游戏，注意游戏是如何提供定向学习和即时反馈的。请同学们告诉你他们是怎么学习的。读一些马克·普伦斯基的书，你会惊讶于数字游戏可以教给你的东西。

要明智、合理。上述建议并不意味着你不再让学生读更长的段落、写短文或论文，慢下来深度专注于一件事，或是在一段时间里保持安静；并不意味着你要把教室变成一个高速、快速反应、无中止的视频游戏场所。

切实让学生慢下来。学生生活在一个经常拥堵、屏幕化、高速的时代，他们需要知道在什么时候、如何慢下来。他们需要时间来思考，他们需要时间来反思他们的学习。他们需要知道什么时候远离电脑、屏幕、摘下耳机。他们需要学习如何通过过滤接二连三的信息轰炸来辨别什么是可靠的、有用的和相关的信息。

当你抛弃一些冗长的书面报告，你会有更多的时间教给学生他们的时代所需要的技能。当你真正注意到你的学习者时，你就会把他们的学习方式真正地融入到你的教学策略中。

如何减少书面作业？

如上面所描述的了解你的学生并对他们的行为做出反应，将产生这样的效果：

课堂学习经验的变化。将有更多的课堂讨论、交流、分享，学生们更多地运用科技来展示和进行互动活动。学生将做更多的创造、表演，展示他们所学的东西。这是你可以在教室里看、听、监控、打分或记录的事情，并不需要带回家写一个报告。

文书工作有改变。 你可以用笔记本、评估量表、检查表、学生的反馈表或其他记录、保存或分级的工具，而不需要用几十页纸来表述。

对所布置的作业有更多的了解，而不只是思考一个书面任务的方方面面，你会仔细选择那些作业，这将要花费你的时间去体会。 这样，当你读到一篇写作的作业时，你会做得更好，会更彻底地回应，因为你将有更少的书面作业要打分。

获得一个关于"千千万万个学习者"需要的大量的知识与繁重的作业关系并不大（除了一些非常有价值的涉及的书面作业）的新认识。

与科技为友

开心一刻

一个教电了商务的老师让她的学生写一封正式的商业合同，她认为这项技能是学生们在校外所需要的。这个老师发现叫舍伍德的学生十分不耐烦地搜索着、敲击着键盘。她问这个学生："舍伍德，你有什么问题吗？"他回答："我找不到这个符号的键，这个加了点的线就像一个颠倒的惊叹号！"这个老师在看了学生的作业后说："舍伍德，这个符号是字母'i'！"

今天的技术大大影响了我们的学生学习的方式，甚至在他们来到学校之前。在学校，技术为改进教学、提高学习成绩、更好地激发学生动机和更大面积地让学生参与学习提供了许多途径。 这里有几个例子：

我同事布伦达的大女儿，一位新闻系的大学生，被要求购买一个手持设备，用于回答教授的问题，按一个按钮，计算机立即出现结果，这可以促进进一步的讨论。 这是一个伟大的即时反馈的工具。

肯塔基农村中学七、八年级的学生购买了个人数字助理（PDA），这使他们能够接受老师通过PDA红外线传递的作业和评估。 同其他许多州一样，肯塔基有一个必须教给所有学生的标准的课程。 一个有责任心的老师，需要关心语言的障碍，希望寻求其他资源来教英语。 一个与肯塔基移民技术合作的项目，将很快使所有学生受益。 使用掌上电脑的现象迅速增多的原因包括：

- 下载西班牙语的学习资料。
- 通过PDA日历的使用管理学生。
- 用计算器来解决数学问题。

37

- 为所有学生上网提供便利,老师可以把一些如《罗密欧与朱丽叶》的剧作下载到掌上电脑。

该区节省了资金,因为这样不用在购买、更新教科书上花费过多的资金。老师们则通过避免机械地重复作业和测试节省了时间。

在田纳西州橡树岭的一所中学,一位八年级的物理科学老师通过一个叫"检查作业"的软件来减少了评分和发布分数的时间。学生在电脑上进行测试,老师在网络上记录下他们的成绩,并把它们放在一本电子分数表上。

许多学校已经使用电子图书好几年了,这让父母可以获得准确的及时信息,而老师只用花很少的时间就可以了。

小贴士

如果你觉得技术进入你的教程令你不舒服的话,你让你的学生找到有趣的方式来更新你的课程。不要随着技术的进步而变得不知所措,慢慢开始,选择一个适合你的小话题。

低成本策略

前面的例子只不过是一个学校、一个学区、上千个项目中或大学课程运用科学技术改变指导、记录、评分过程的项目中的几个。越来越多的学校正在朝着越来越多的新技术和越来越少的文书工作迈进。这些例子,虽然意义重大,但是它们都是高成本的,需要有重大决心和努力。你可以在你的课堂以更简单的方式来实现,这里有一些想法可以减少文书工作:

对于一个单一的具有挑战性的问题,学生可以通过电子邮件给你简短的总结或答案。

最近一位老师告诉我,她七年级的班级里所有的学生都有手机,她决定用它们偶尔搞一个活动,总结一个单元、一堂课或一天的学习。所以她通过一个信息给了每个学生一些问题或话题,要求学生回复的是问题的答案或者一个关于所学东西的简短总结。

许多电脑都有可以让学生制作短的电影的软件,运用这项技术示范一个概念学习。

利用数码相机,学生可以制作传达一个在课堂上学习到的主要观点的照片集,或共享一个他们已经完成的调查。结合其他图像和文本,学生可以使用如PPT等技术来进行一个简洁的阐释。

博客可以减少文书工作和充分利用学生的数字智能，一个博客（或网络日志）就是一个以反向时间顺序为条目的在线日志。 学生们可以在上面讨论他们学到的知识，提出问题，讨论问题等任何你可以想到的学习活动。 如果你的学生在学校可以上网，你可以直接使用博客，从而减少你的文书工作。 可以在博客上查看他们的作业。 要想了解更多关于课堂的博客，可以上网搜索，有很多网站会教你如何创建和维护博客以及如何利用博客进行有价值的学习。

不要给你的学生布置一个长长的书面报告，要求他们设计一个网站，建立一个群组或制作分享在空间或脸书的页面，或者为一个博客制作素材。 例如，在黑色的历史月，一个老师分配的任务是创建一个以马丁·路德·金的相貌和立场为内容的准确描绘。 在完成任务时，学生们倾向于从容易找到的事实入手。 但要求不要照搬事实（如在旧时代复制的东西，走出百科全书的教室），学生必须使用高层次的思维技能，加上逻辑分类和实用技能，把信息同化为一个连贯的演示。 为评估这一任务，老师只能查看最后的产品，她专门创建了评估量表。 无论是学生还是老师，都没有用大量的纸张。 要想更多地了解教室中的博客的使用，你也可以上网查询，有许多网站会教你如何制作博客、使用博客进行学习。

即使在课堂上不提供技术，学生也可以将他们学会的东西以某个主题应用于设计一个网站页面的外观，或制订一个设计博客的计划，或梳理出一个短片的故事框架，或写出和口头分享他们设计的博客。

一个六年级学生的家庭作业计划表

学生每晚花在家庭作业上的时间不能超过 90 分钟。为了在所有课程中都取得好成绩，你应该这样利用你的时间：

11 分钟用来浏览作业

15 分钟用来与朋友电话讨论作业

20 分钟用来与朋友短信交流作业，当然其中包括用几分钟的时间来描述你听到的家庭作业听力的最后几个单词

5 分钟用来给你的朋友发短信抱怨作业

5 分钟用来给你隔壁房间的父母发邮件抱怨你的老师是多么苛刻、作业是多么无用

8 分钟在浴室度过

10 分钟吃零食

6 分钟用来跟父母解释老师从未将作业清楚地解释

10 分钟用来坐在饭厅等着父母把作业检查完

好消息！

当你对你的学生使用的数字化工具了解更多的时候，你会得到你从未想过的收获。一部分被遗忘的倦怠成长、学习、冒险、发展成了你职业中的新力量。让孩子的技术应用在你的教室里，你会朝着职业倦怠的反方向迈进。

精简作业

职责怎么办？

我得有展示给父母看的学生的作业！

学生需要保存展示他们如何进步的作业样本！

我需要证据来支持分数！

是的，纸的证据。证据，问责！

我不认为你必须用证据表明学生正在做什么、做过了些什么以及他们哪儿需要帮助。我认为你可以不用那么多的作业来收集这些证据。

- 创造、打分，并记录你所需要的任何评估或分数。
- 保存学生所需要的文件，以便能有一个良好的进步。
- 为每个学生建立一个文件夹，包括可以显示进展或表现出特定的需求的重要文件、电脑文件或作业样本。
- 或者，让学生自己设计和建立文件夹，用来容纳样品，显示他们的进步和成就，以及对他们工作的自我反思。一定要让学生把重点抓住。
- 做好记录：保持用一个笔记本记录相关作业的习惯。这可能是你的有额外页面的分数本，或者可能是在你的分数本上的补充。为每个学生记笔记，采访学生，记下日期和若干评论，而不是没有意义的20张纸的叠加。
- 在可能的情况下，以电子方式存储记录和分数，如果它是适当的或者学生的记录是安全的。
- 不保留任何不能显示学生进展或表现出特定能力或需要的内容。

> **教师小贴士**
>
> 不要太在意学生的考试成绩，不要对他们的成绩起伏大惊小怪，这样你自己不会压力太大，学生也会认真对待每一次作业。
>
> ——德克萨斯中学教师

正视它！ 管理它！ 优先顺序！ 粉碎或回收它！

你对自己和学生的文书工作有很多建议，但是，还有一些其他的，如：

- 许可证。
- 缺席的笔记。
- 来自校长的备忘录。
- 来自系主任的备忘录。
- 来自课程主任的备忘录。
- 标准笔记本。
- 午餐菜单。
- 征用形式。
- 应急表格。
- 出席人数。
- 课程计划。
- 午餐计数。
- 打印出来的电子邮件。

有时就是这一堆堆促进我们成长和成熟的想法使我们的老师僵化了。这成堆的想法渐渐变成了一个有着野蛮身躯、嘲弄的眼睛、轻蔑的嘲笑和讥讽的怪物。这时想逃跑（避免、躲藏、拖延）是很自然的事情，但是，这个选择会让你有更多的压力。所以：

正视它！

处理这些东西，可能不会像你认为的那样坏，不管怎样，它最终会在垃圾桶里，一旦你筛选出要点。

管理它！

当你在你的老师或你的老师的箱子里发现一个文件时立即做出挑选。及时抛弃那些不需要的。抛弃那些可以引诱小狗的东西来表明你是对狗过敏的。拿出那份即将召开的会议的备忘录，快速翻阅，并且在你的日历上记录日期、细节等要素。如果放在你桌子上的一堆作业令你头痛，那就处理掉没必要的吧。

如果某事物需要一个快速的反应，那就马上就把它处理掉。如果你有一个生日卡需要签署，加上你最美好的祝愿，尽快寄出去。如果你发现了一个你忘记的表格，马上把空白填了，在你回教室的路上，把它交了。

尽可能多地使用电脑，许多学校现在可以在线使用电子邮件及其附件，利用这个优势，你不仅可以减少一堆文书工作的威胁，而且可以节省时间。这样下一次如果有需要填写的表格，其实大部分已经被完成了。

在学期开始前建立文件系统。一个简单的系统可以帮助避免混乱。创建一个额外的分配表文件给那些缺席的（或心不在焉的）学生。用另一个额外的学生表格来建立与家长的沟通，当你设计好这些表格和备份后，你就减少了纸堆，你也避免了当你需要在你的桌子上找些什么的时候疯狂地翻找所给你带来的压力。如果没有把躺在你桌子上的文件都归档，那你就先别离开。

优先顺序！

使用上面的分类系统，为文书工作做一个良好的计划。

列出一天中那些你认为必须要做的东西，这个列表可能是在你早晨开车离开家之前，或是一到学校，甚至可以是你每天下午做完最后一件事后，立即为你的明天列出清单。

当你列出清单时，把这些任务分为最紧急的一类、一般紧急的一类和不太紧急的一类。你可以用实际的抽屉来分类，比如那些小的从折扣店买来的塑料套，用铅笔写上类别，这样你就可以根据需要在名单上进行调整。

最紧急的一类：今天必须做的工作。截止期限没有弹性。

一般紧急的一类：今天或明天要完成的任务。

不太紧急的一类：本周结束前需要注意的事项。有时这些工作会自己解决，或自己消退。这就是将它们放在"底部"的原因。为什么要把今天的宝贵时间浪费在过几天说不定就不存在了的事情上？

对于一天中事情的变化，只需将事情调整到不同的分类中。

让我们看一个例子。中学历史老师哈米先生他为星期一早上准备的"需要做"备忘录：

> **最紧急的一类**
> 1.将自己的要求递交给办公室;截止日期:星期二早上
> 2.批改历史测试试卷
> 3.给 Jay,Arianna,Elana 的父母发邮件约定关于行为问题的讨论时间
>
> **一般紧急的一类**
> 1.给 Nick 列一个落下的作业的清单,在星期三经过一个长时间的缺席之后回归的时候交给他
> 2.为治疗课程的第一期学生选一个组织者
> 3.为法律小组印发许可证
>
> **不太紧急的一类**
> 1.将细节和大纲发给下个星期第三、第四节课要来的博物馆的发言人
> 2.准备与英语教师关于黑人复兴的学科交互性研究讨论所需要的笔记

哈米先生已经盯上了文书工作这个"怪物",现在他感觉好多了,他已经把任务制成了一个可行的计划。 当课程主任问他要他打算在本学期(本周末)教的单元表,或有一个学生突然因为社区里的葬礼需要离开并需要带上今天的作业时,他可以在"抽屉"里重新安排任务。

粉碎或回收它!

无论你使用什么纸,让它可重复使用。 粉碎一切不能再被看见的,回收利用一切可回收的。 在课堂上重复使用解决问题的、画画的或涂鸦的纸张,如果你的学校没有回收程序,你自己开始弄一个。

宣传减少文书的精神

文书工作是永无止境的。我能感觉到这是完全被淹没的一天。我每天晚上都带文件回家,这是一个需要持续面对的挑战,但并不值得。这不只是在纸上打分数,还有表格的填写、准备课程计划、委员会职责的履行、协议的制订等等。除了打分数,我尝试在学校完成所有的一切。不幸的是,这需要我在放学后仍在学校待很久。十到十一个小时就是典型的工作时间。

——一个在教室里 16 年的老师

让我教书吧！相比以前我们现在更需要记录下我们的努力,但它需要这么多宝贵的时间,以至远离实际教学！

——一个有21年以上工作经验的小学老师

雇主感到沮丧,因为有太多的文书工作,常常让你感到不知道事情是不是真的。

——约翰,英国诗人和剧作家,1685—1732

像这些的例子也许不会让你感到很好,但至少你知道你并不孤单。 一些文件的要求是你无法控制的。 更多的学生责任和更多的法律责任,意味着更多的文件。 这些文书工作似乎与你为什么成为一个教育工作者没有什么关系。 就像德克萨斯高中老师奥德丽感慨的："有很多文书工作,我不能肯定这些是需要的。"

教师放弃了他们的家庭和娱乐时间来准备教案,但是他们却并不觉得填写那些与Elliot,keisia,Marlene是否知道如何提高分数相关的一式三份的表格取得了与这种行为相符的效果。

许多州的教育部门和学区正在解决文书工作太多、教学时间太少的问题,一些州正在转向在线或基于网络的系统,以帮助管理特殊教育文件。 此外,学校也在重新思考文书工作的要求。 如果你的学校、地区没有一个减少文件的计划,没有要推动这个主题计划的进展,那就给了你一个参与的机会来衡量直接影响教师的实践和过程,你就是发言人——没有人比你更知道最繁重的文书要求是什么和减轻负荷需要做什么。

开始采取行动,即使是一小步,比如在你自己的年级、部门或团队,多做一些行动,把它带到一个更广泛的同事的关注中去。

激情重回

进行创造！ 有这么多的方式来消减繁重的文书工作！ 你只要采取大胆的措施尝试就行。 与同事一起,集思广益,收集想法。 当你成功地减少个人文书工作,甚至全校范围也大大减少了文书工作,学生的作业也少了,这就可以节省出更多的时间用在学习上。 学生会更快地反馈,学校就会减少对地球资源的浪费。

作为一名教师,你将有更多的时间做你喜欢做的。 这些都是引领你走向职业领域前沿的重要的方面:激励、教学、关心、鼓舞、培养和引导你的学生。

我的建议

放一本幽默的书、漫画或者杂志上的一篇文章在你的书包或书桌抽屉里，当你需要休息时看看。如果这本书引起了你的一笑，你的内啡肽就已经额外奖励你了。

完成文书工作后，给自己一点奖励。设定小目标，给自己一些小奖励。如，批阅完四堆学生的科学报告并打分后，起来走动走动，给自己一个小小的锻炼，喝点冷饮；每当完成45分钟的文书工作后我就玩一盘蜘蛛纸牌游戏。通过奖励自己，你认识到你在向前发展。（这是一种缓解压力的方法，因为一事无成的想法会让自己紧张！）这也是一个小小的庆祝你成就的方法。

工具

  45：关于创制评估量表的指导

  47：2年级模板

  47：3－5年级模板

  47：模板1：6—12年级

  48：模板2：6—12年级

  48：模板3：6—12年级

  49：量表示例

  51：评估量表示例

  53：自我反思的模板，2年级

  54：自我反思的模板，3年级

  55：自我反思的模板，6—12年级

关于创制评估量表的指导

  步骤1 主题
确定将要评估的主题、任务、技能或主要任务。

  步骤2 评估要素
确定评估要素，如你将检查和评估的结果、特质、个人技能、任务、表现的领域。如，问你自己：如果我要确定五年级的学生是否能够很好地构建议论文的段落，那么就要确定以哪些要素可以构成一个成功的议论文段落。

步骤 3　分数

决定一个评分标准，如1至5，或1至3，保持在6或以下，学生年龄越小分数范围越小。 这些数字将构成与评估要素相关的行为表现水平的跨度。

步骤 4　评估标准

确定每个等级的表现标准，从写出一个描述每个要素所对应的学生表现的最高分数开始。 问你自己：是什么构成了一个很好的效果？ 然后，描述一下在其他层次学生的表现会是什么样子的（例如强大的、足够的、令人满意的、发展中的、需要大量的工作的等）。 利用词组或完整的句子表述，描述每一个分数对应的表现。

步骤 5　表格

创建一个有足够多的列来列出要素、足够多的行来列出分数对应的标准的表格。 在表格中填上标题（主题或任务），列出要素、标准、表现描述。

步骤 6　分享专栏

一定要提前与学生分享标准，用他们理解的语言来解释。 学生需要知道什么是好的表现，在他们开始任务之前，评估量表将会向他们展示他们将如何被评估。

自制巧克力片饼干

要求特征	5分	3分	1分
外观	有中心的完美的圆形，上面布满了碎屑	大体上是圆形的，有点平坦，碎屑不多	平，异形，可见少量碎屑，或烧焦
闻起来	不可抗拒的美味	稍微吸引人	烧焦
纹理	柔软的、潮湿的、奶油色的	过硬或过脆	像钉子一样坚韧
味道	新鲜、温暖、巧克力味很重很甜	有点甜的味道	陈腐的，乏味的，巧克力味不够

2 年级模板

评估量表

主题和技巧 _____

目标是什么	我能做得什么样？或者我知晓了多少？			
分数	4 分	3 分	2 分	1 分

3—5 年级模板

评估量表

主题、任务或技巧 _____

要素	能力水平			
分数	4 分	3 分	2 分	1 分

模板 1：6—12 年级

评估量表

任务 _____

要素	能力水平			
分数	4 分	3 分	2 分	1 分

模板 2：6—12 年级

评估量表

主题或任务能力水平的标准 _____

期望	4分	3分	2分	1分

模板 3：6—12 年级

评估量表任务

执行力水平 _____

特质、技巧或任务	5分	3分	1分

量表示例

7 年级评估量表

主题或任务：戏剧诗能力水平标准

目标	4 分	3 分	2 分	1 分
阅读并解读戏剧诗	用自己的话解读一到两首诗歌的写作特点，至少在诗歌中找到三处细节来支持每个解读的观点	用自己的话解读一到两首诗歌的写作特点，至少从诗歌中找出一至二处细节来支持每个解读的观点	相关地解读一到两首两首诗，找到一个或不需要诗歌中的细节来支持	试着写上一页与自己无关或很少关系的感受来解读一至两首诗歌，很少或没有细节来支持
分析戏剧诗中明喻、隐喻、拟人、讽刺等手法的运用	在选好的两首诗中，至少清晰地解释六个关于明喻、隐喻、拟人、讽刺等手法的例子	在选好的两首诗中，全少清晰地解释五个关于明喻、隐喻、拟人、讽刺等手法的例子	在选好的两首诗中，至少清晰地解释四个关于明喻、隐喻、拟人、讽刺等手法的例子	在选好的两首诗中，至少清晰地解释三个关于明喻、隐喻、拟人、讽刺等手法的例子
分析戏剧诗的主题	清楚解释一首诗的主题，与学生的生活相联系，使用该诗中的多个例子	充分地解释一首诗的主题，与学生的生活相联系，使用一些诗歌中的例子	充分地解释一首诗的主题，试图与学生的生活相联系，使用一些例子	试图充分地解释一首诗的主题

注：分数 4 是给位于 3 和 5 之间的表现。

　　分数 2 是给位于 1 和 3 之间的表现。

年级:6—12年级

任务:问题解决过程表现水平

特质,技能,任务	5分	3分	1分
概念理解	问题被清楚地明确或理解,清楚地将书面问题转化为数学思想	问题被合适地明确或理解,合适地将书面问题转化为数学思想	问题没有被清楚地明确或理解,部分或不正确地将书面问题转化为数学思想
策略和过程	选择合适的解决该问题的相应策略,清晰、复杂地使用解决问题的策略,使用清晰的、完整的方程、符号、模型、图片、图表	选择合适的解决问题的相应策略,比较完全、清晰、复杂地使用解决问题的策略,使用相对清晰和完整的方程、符号、模型、图片、图表	没有选择合适的策略或者没有正确使用,没有有效地使用策来解决问题,不合适的方程、符号、模型、图片、图表或这些工具并没有导致一个正确的答案
沟通	词汇、图象、符号、表格清楚熟练地显示出解决问题的步骤。清楚地、明智地、解释使用策略和路径,对于解决问题也是清楚的和明智的	词汇、图象、符号、表格合适地显示出解决问题的步骤。合适地解释使用策略以及解决问题的途径	词汇、图象、符号、表格没有清楚地显示出解决问题的步骤。学生的沟通不足或者不存在沟通
答案的正确性	正确的答案。学生的回答由学生的工作所支持	大多数的答案正确。学生的回答由学生的工作所支持	不正确或者不完全的答案。学生的回答不被学生的工作所支持
验证	对问题解决过程的复述,并试图有效地或者想用不同的解法完善答案。学生的复述支持学生的答案	对问题解决过程的复述并试图调整答案或者想用不同的解法。学生的复述支持学生的答案	没有显示出有效或完全的复述过程或者对结论的支持

注意:分数4是给界于3和5之间的表现。
分数2是给界于1和3之间的表现。

评估量表示例

年级：幼儿园

量表主题或技能：精细动作技能评定——使用剪刀

目标是什么	我能够完成得怎样？我知道得如何？			
分数	4分	3分	2分	1分
能够合适地使用剪刀	用正确的手指手法使用剪刀	剪刀倒着剪，用大拇指在底部位置操作	在剪之前需要帮助才能把剪刀放正确	需要帮助才能把剪刀握在手中，但不能足够长时间正确地剪东西
反复剪东西	可以剪长的细片	剪一系列短的细片	需要帮助来操纵剪刀进行适当的动作	不能协调剪刀进行适当的跷跷板运动
剪出线和形状	正确地剪出预先打印好的形状，如一个正方形、圆或者三角形	精确地沿锯齿或波浪线切割	精确地沿一条直线切割	需要帮助才能剪一条直线

量表主题或技能：PowerPoint 演示

要素	能力水平			
分数	4分	3分	2分	1分
内容	几乎所有的内容都回答了这个问题或任务的指令	大约四分之三的内容回答了任务的问题	内容试图去回答问题，但信息混乱并远离主题	内容与任务很少相关
语言和构成	单词拼写正确，使用适当的语法和标点符号	在语法、用法和构成方面很少有错误	在语言和构成方面有很多的错误	没有什么证据表明曾校对或纠正过错误。多个错误干扰了演示文稿的主题
任务的目的	任务的目的有着清楚的证据	任务的目的是有证据的，但不够清楚地呈现	一些试图传达任务主题的尝试	任务的目的不够明确
图形、照片和剪贴画	图形、照片和剪贴画有效地支持着内容	使用了图形、照片和剪贴画，并且大部分还是支持内容的	有一些图形、照片和剪贴画的使用，尽管并不总是有效地支持着内容	图形、照片和剪贴画使用很少与内容无关
幻灯片	呈现在幻灯片上的内容是令人舒适的，幻灯片的呈现是合适的	幻灯片切换或内容呈现中小部分需要改进	幻灯片过渡或内容介绍中出现了明显的错误	在幻灯片上放置内容时过于马虎。呈现中过渡不流畅并减损

2年级

自我反思模板

学生名字 _____
项目名称 _____

♣ 你的项目是关于什么的？_____
_____
_____

♣ 你首先做什么，接下来做什么，以此类推。_____
_____
_____
_____

♣ 你在什么方面做得非常好？_____
_____

♣ 对于你而言哪一部分最难？_____
_____
_____

♣ 你学到了什么？_____
_____

♣ 你怎么将你所学到的东西展示给别人？_____
_____
_____

3年级

自我反思模板

学生名字 _____

项目或活动名称 _____

★ 这个活动的目的是什么？
_____
_____

★ 我用了三步来完成这个活动，包括
　　1. _____
　　2. _____
　　3. _____

★ 我学到的一件新的东西是 _____
_____

★ 这个活动的困难之处是 _____
_____

指引：在下面的列表中选一个选项与你在这个活动上的努力相匹配

该活动的任务	我做得非常好	我努力了但并不总是成功	我不能完成这个项目
对于这个任务我制订了一个计划并且严格遵守计划			
我能够关注并持续聚焦于我的工作			
我理解这个任务并在需要时寻求帮助			
我花时间探究并用了几个资源一起来汇集信息			

6—12年级 自我反思模板

学生名字 _____

项目或活动名称 _____

用"低""中"或者"高"选择你的努力程度并说明原因。

1 我集中注意于这个活动：
低　中　高

我之所以这样选择是因为
_____
_____

2 对于完成这项工作我的责任：
低　中　高

我之所以这样选择是因为
_____
_____

3 我参加小组活动的频率：
低　中　高

我之所以这样选择是因为
_____
_____

4 作为一位小组成员贡献正能量的程度：
低　中　高

我之所以这样选择是因为
_____
_____

5 我解决问题的能力：
低　中　高

我之所以这样选择是因为
_____
_____

6 对最后结果的满意度：
低　中　高

我之所以这样选择是因为
_____
_____

7 对于小组活动的满意度：
低　中　高

我之所以这样选择是因为
_____
_____

第三章 哎呀！家长来了！

> 当看到家长即将过来你就往厕所躲时，你就是一个处于压力下的老师。

多少年前，科尔博士和我让我们三岁的女儿参加了我们所在学校的一个项目。这个 3K 项目承诺会给我们的孩子带来很大的好处，教师似乎也很优秀。在第一个星期，我的女儿被送到了超时坐椅上受惩罚。我忽视了该消息，布伦达也是。第二天，布伦达的女儿被送去了。我们支持老师，因为我们知道我们的女儿必须适应课堂规则。但一种模式形成了，每一天都有一个女孩被送到这个椅子上。每天下午老师都会找我们其中的一个人来报告学生中的"品行不端者"，我们在结束时发布了内部的警告，告诉孩子要学会让自己不上椅子。

在现实中，幼儿的违规行为都是很小的（如站在了线外，或者挡到了别人等），老师在课堂上很容易解决。但面对这样一个负面的清单，我们焦虑不安。在几周内，即使是更严重的违规行为，接二连三的报告已经使我们对于老师的意见麻木了。布伦达和我不是 3K 教师团队的一员，我们是被迫进入防御的位置。

当家长被迫像老虎那样保护着幼崽，教育团队的合作机会就会很少，这种对立的关系，对老师和家长造成很大的（和不必要的）压力。

注："家长"一词是指任何一个对学生负有主要监护责任的成年人。

失去热爱

固执的家长、有敌意的家长、持有怀疑论的家长、不合作的家长、犹豫的家长等等的抱怨，通常让任何老师的工作充满了压力。没有什么比跟家长间的矛盾更使你疲惫、困扰、崩溃或是动摇你的信心的了。任何与家长间的冲突或是家长对你的不满，都会在你的心中留下一个结，把你从教学中撕裂开来。家长们说你的闲话，你是什么感觉？这可以动摇你对教学的热爱，更糟的是，与家长间存在的问题（或只是没有与家长联系）会让你的学生缺乏他们在学业上成功所需的支持。

56页中的想法并不是笑话，许多教师花很多时间逃避家长，但你不能永远躲在厕所里，你需要从阴影中走出来，打造和学生家庭及家长的桥梁。当你这样做的时候，你将获得一个反抗压力和职业倦怠的重要武器，而你的学生将茁壮成长。

架起与家长的沟通之桥

聪明的教师知道家长的支持会增加学生成功的可能性，当学校最后的一声铃声响起才开始奔跑的老师是只想着逃避压力的老师。家长是儿童人生中（即使对青少年来说）最重要和最有影响力的人。在学校的一天中，学生会花更多的时间与你在一起，甚至比他们与家长在一起的时间还长，因此你肯定对学生有影响。但家长或监护人是学生的生活基石，记住这点，如果你想要你的学生成为最好的学生，你必须找到能够与家长建立和互尊重、合作的关系的方法。家长与教师的合作关系应该是什么样子的？以下就是：

- 学生忠实拥护者的角色
- 为彼此提供支持
- 参加学生的学习活动
- 创建一个决策和解决问题的团队
- 参与以课程为基础的课堂项目

> **开心一刻**
>
> 开学后的第一个星期结束了,Ted 的老师将电话打到 Ted 的家里,抱怨他的行为。"等一下!"Ted 的妈妈打断老师说道,"Ted 过去三个月一直跟我呆在一起,我可没有给你打电话抱怨他的不当行为。"

按照下面这些步骤来建立与家长的关系,促进学生的成功,并得到你所需要的支持:

1.让家长知道你关心他们的孩子

每天都展示你的关心和关注,学期开始(甚至是开学之前),就开始与每一个家长或监护人建立关系。

给家长发送一封电子邮件或"蜗牛邮件",介绍一下自己,说说这一学年你的目标是什么,对他们孩子的教学热情(书面的写作可以更好地展示个性,此外,你可能没有所有家长的电子邮件地址,或一些家长可能也没有电子信箱)。

为那些因为突然的担心而想走进课堂的家长建立一个课堂开放的规则。

让家长知道他们什么时候以及怎么跟你谈话,私下里,打电话,或通过电子邮件或书信的方式告知。公开你的学校电子邮件地址,并确保及时检查和尽快回应任何家长的问题。

向家长明确表示你的目标是帮助他们的孩子在你的课堂上有一个安全、舒适的学习环境和学习上进步的体验。

2.让家长知道你尊重他们

与有些家长建立伙伴关系可能需要一段时间。他们可能会因为自己曾经糟糕的学校经历感到焦虑。如果他们有语言差异或如果他们自己学业上没有成功,他们可能会觉得害怕。想象一个因为学习障碍而勉强通过高中的家长,如果现在他听到他的孩子也是类似的情况,他会有多害怕。一些家长激进,可能是因为他们在教师旁边会觉得不安或者不会与教师很好地相处(可能当他们还是个孩子的时候,他们遇到了自己不信任或使自己感觉很糟糕的老师)。

作为老师,要有关心和耐心,在需要的时候轻轻地抚慰家长。把家长的恐惧、焦虑和对于孩子能够被爱和成功的深深期待记在心里。从一开始,就把他们视为儿童生活的第一位成年人。尊重他们的想法、他们的理由、他们的时间安排、他们的担心和他们的问题。

第三章 哎呀！家长来了！

> **教师小贴士**
>
> 开学前，发一张你将要教学的明信片给学生，也发给他们的家长，介绍自己，包括你的电子邮件地址和电话号码。我请他们保留这些可以联系到我的信息。我甚至在教八年级的135名学生时也这样做。也找一些好的理由，把照片发送给家长。一年三次，我把记录孩子在学校里发生的有意义的事情的照片发送给家长。
>
> ——玛丽，纽约

随着我女儿长大变得更独立，我非常感谢那些花几个小时回复我关于作业和其他课堂问题的询问邮件的老师。作为一个家长，这种显示了对我孩子的照顾，对我的尊重的支持是无价的。

3. 清楚、提前地沟通

通常，与家长的沟通都是不怎么计划的（或者根本无计划）。当一个问题出现时，可以是一个纸条、一封快速完成的电子邮件或一时冲动的电话。随意的沟通不仅不能与家长建立牢固的关系，相反，它会导致家长、你，甚至是你的学生的混乱，通常它会使家长受到惊吓或是感到愤怒——这会损害你们间的关系。

> **开心一刻**
>
> 当 Jeff 关掉他的斯巴鲁上亮了整夜的灯时，发现电池的电都已经耗完了，他必须得采取一些措施。他冲向房间对着他的妻子喊，让她快去开车然后快速地推动斯巴鲁让它启动。当她开远的时候，他困惑了。当他从后视镜里看到自己哆哆嗦嗦地拿出手机给妻子打电话的时候，他知道她理解错了。他的妻子正以40码的速度向他驶来。

想想你将如何与学生的家长建立关系，计划一下，开学前便开始。在与每个家长单独联系前（通过电话、笔记或电子邮件），想一想怎么清晰地表述。想想你将如何消除会造成家长困惑或不安的障碍，因为这些东西会以信息的方式传递。确保你的大多数通信是积极的（不是关于问题的）。在一个学生的问题出现之前，你应该与家长建立相互信任的关系，从而以合作的方式更容易地解决这个问题。

> **正确态度的小贴士**
>
> 在讲话之前,花一分钟组织一下你将要说的话。如果一句话以感叹号结束(而不是强的感叹),最好改一下,如果句子结束用两个甚至更多的感叹号,该检查你的描述了。

清晰的沟通

- 用家长可以理解的语言。
- 简明地介绍沟通的目的。
- 简明地说明你需要从家长那儿得到什么。
- 简明地说明你下一步会做什么。
- 以一个平和温暖的声调(而不是一个冷漠、恐吓或迷惑他们的声调)。
- 总结得出结论,协商一致,决定或计划行动。
- 做得好时可减轻教师和家长的压力。

前摄的沟通

- 培养教师与家长间的理解和信任。
- 增强教师家长合作关系的紧密性,这样家长对于即将发生的或未来的计划会有一个更好的想法。
- 在一个基于错误理解的问题变大之前解决它。
- 减轻老师和家长的压力水平。

前摄的沟通与许多家长与老师的沟通的性质相反。这个词包含着在这一年一系列教师用来积极地与家长建立与培养一个合作关系的策略和过程,它的目的是要承认家长是学生学习共同体的重要组成部分,利用家长提供的智慧,让家长了解学校发生了什么事,并帮助他们理解他们孩子的期望。这种交流有一些有益的作用:家长感觉被教师尊重。由于家长更加了解孩子的学业活动和学业期望,将会有来自家庭的支持来帮助学生在学校里做得最好。

每一个老师都要了解与家长沟通的正确方法,考虑一下这些清晰的、前摄的沟通做法:

- 一个定期的通讯录,可以张贴在冰箱上。
- 电子通讯,作为上面的补充或选择。
- 在开学前打电话,留笔记或寄明信片。

- 持续的电子邮件通信。
- 让孩子家长明确知晓你的联系方式。
- 定期对个别家庭发送"好消息"电话。
- 定期给个别家庭发送好消息的纸条或明信片。
- 在一个特别的时间周期里,给家长发出邀请。
- 教室里的特殊的家庭联欢。

相信我,这些寄给家长的明信片是有价值的。

用"老师与家长沟通的检查表"来指导你与所有家长的沟通,表在本章结束的工具节中。

4.使制作信息报成为一种习惯

作为一个学校管理者,我对课堂校报的价值深信不疑,我要求学校所有老师每月给家长发两次信息报,可以按照学生年龄和教师的个人兴趣自由设计。 我决定在同一时间框架中制作学校的校报。我们的学校与社区、工作人员、家长、学生都收获着这种一贯的、前摄的沟通的好处。

定期的信息报也是一个向家庭开放的桥梁的方式。 信息报也是一种好的方法:

- 促进学生或班级的成功。
- 建立家长对孩子们正在进行的课程主题和活动的认识。
- 让家长了解即将到来的测试、项目,或实地考察。
- 提醒家长学校的活动。
- 询问捐赠的时间和需要。
- 为课堂演讲者提供广告或其他帮助。

我们发现,当老师通知了家长关于即将教授的内容,如面积单位的研究,家长常提供帮助或材料,或推荐有潜力的发言人(或自荐为发言人),这减少了老师的工作时间并加强了家长与教师的伙伴关系。

> **教师小贴士**
> 确保所有学生都有一个闪光的机会,将它添加到学生名册栏,并且写入信息报。核对姓名,确保每个孩子都能从中找到值得庆祝的地方。
> ——一个第一年工作的教师

家长和老师之间经常会因为对于课堂期望的误解而出现问题，例如，一个五年级的老师，为他的社会学班级布置了一个大的地理课题。他整整一周再三回顾了对于这个项目的期望，用了很多的实例，并一再重申截止期限为六周以后。正当项目开展的前一天，三个家长来了，找到这个五年级的老师，他们刚刚从孩子处听到了这个项目，关于老师要学生在短短的两晚时间完成这个项目他们很不高兴。现在，如果作业通过两三份信息报的描述讲清了完成日期，家长有足够的预报，老师将不会被误解。

"但是我没有时间每隔两周做一次信息报。"

你也许会抗议。放松！这并不需要花费数小时的时间，而且，相信我，如果不这样做，你会花更多的时间在缺乏沟通和重新沟通上。如果你不这样做，会适得其反。这里是使它容易的一些技巧。

• 创建一个使用一年的模板,使用列标题,为每个通讯写上主题如课堂新闻、学校事件、工具箱、家庭作业提示和每月日历。通过这些，家长知道可以从哪里寻找信息（见最后工具部分信息报样本）。我的大多数员工用他们最喜欢的软件程序下载模板,但是有一个老师知道用她不喜欢的技术会给她的生活带来很大的压力,她选择了设计一只手画的模板,这个适合她的班级和她的个性,并且是一种有效的沟通形式。

• 将待解决的家庭问题、最喜欢的笑话、学生创作的绘画、诗歌或影集引入最喜欢的活动。

• 如果你教的是年龄较大的学生,分配一些信息报写作任务给学生们,这是一个很好的锻炼写作、编辑、组织、排版、绘画和计算机技能的机会。一组学生或小组可以负责一个板块。计算机可以方便地把板块组合在一起。

• 当事件发生时,将信息添加到通讯中,而不是在同一个晚上把所有的内容都加进去。如洗碗机坏了,或你的女儿赢得了一个足球赛冠军。

• 不要咬文嚼字。课堂信息报不是去竞争普利策奖的。家长就是在寻找他们需要的信息并把它贴在冰箱上备忘而已的、简单的、基本的信息。（当然,你绝对不要把一份有拼写错误、语法或结构错误的信息报送到家庭中去。）

此外，把这些放在你的信息报计划中。如果你想做一份电子信息报，确保给每位家长一份复印件。不能保证每个家庭都有一台电脑，即使有，也不一定会有一台打印机。

如果家长不会说英语，找到一个办法能够提供一种替代交流，让他们可以阅读明白。至少，试着用当地语言做一个作业单。

5.对你的专业能力有信心

作为一个教育工作者,要有专业自信,记得你对正在做的事情有过训练,家长会因为他们的孩子被有专业能力的人教而感到安全和给予更多的合作。

- 在家长提出建议或要求帮助时,不要被吓倒,如果在学年的一开始你就和家长有了联系,家长的质疑和批评就不会轻易地使你失去勇气。

- 欢迎家长的支持和参与。如果你提前就计划了家长的参与,对于家长的出现你会感到更舒服,也更能接纳他们。

- 拥有自信的同时也要谦卑和怜悯。你要知道家长会给你提供很多关于孩子的帮助。利用你的角色便利给家长提供帮助、希望和安全感。你也得知道,有很多人的家庭情况你不了解。那些困扰于经济、虐待、身体或精神上的疾病的家庭可能无法帮助孩子完成一个项目。在这种情况下,寻找途径来包容孩子的照顾者,使用你的专业知识寻找其他帮助学生成功的方式,以满足其学业成功的希望。

> **新教师小贴士**
>
> 要赢得家长的信任,对于新教师而言是一个挑战。要诚实,不要假装你有比真实水平更多的经验。当你不确定的时候,就老实承认,但向这些家长保证你会找出解决方案,研究并将结论告知他们。你缺少的是多年的经验,但你可以做到勤奋和可靠。

6.欢迎家长讲入学习共同体

家长在刚接触教师时会感到不安,这很普遍,他们一踏入教室,就不自在。这种不适感也可能来源于他们过去作为一个学生的体验,或者是他们对以前的学校人员的感觉,或是因为他们的孩子做错了什么或没有做什么带来的尴尬,或他们的孩子被对待的方式不对或有什么不合适的。确定这种不安不是因为你对待他们或他们的孩子的方式。相反,采取有针对性的措施,展现出一种欢迎的态度。

- 审视你对家长的态度。如果你没有敏锐地意识到你自己的恐惧、价值观、偏见以及和家长关系的目标,你就不会意识到你对家长的反应。在与家长接触时,尽力把你的焦虑、怀疑等放在一边。用"教师与家长关系自我反思"工具来帮助你检查你的态度和风格,这可以在本章结束时的"工具"部分找到。

- 将每个家长视为他孩子的拥护者或你的啦啦队队长——坚信能够帮助他们的孩子有一个幸福和成功的学年。

- 给家长方便,让他们知道如何找到你,在他们需要你的时候尽最大的努力表现得友好、温暖和可接近。

• 邀请他们到教室里来。即使你没有时间，至少也要花几分钟，找出他们需要什么。对于他们的到来表示感谢，经常询问和尊重他们的想法。

• 以合理的方式提前计划，这样家长就可以参与到子女的学习中来。确保你创建了可以方便不同的时间安排、天分、才能的所有家长都能参加的选择。把这些可能性写下来。将家长看作志愿者的想法会在本章后面出现。

有效的会面

虽然卡梅伦先生有一年的教学实践了，但当麦格劳女士出现在教师与家长会面时他还是会有一点紧张。深吸一口气，他解释说，她的女儿萨曼莎在课堂上总是注意力不集中，而且很多时间不够沉稳。为了说明这一点，他列举了萨曼莎会在练习册上做错误的页码，她甚至错坐在别人的桌子边。麦格劳夫人立即进入防御状态，"我只是不明白，她为什么会这样？"卡梅伦先生很快向麦格劳夫人保证，萨曼莎很可爱，班上有很多朋友，老师又停了一下，悄悄地告诉了麦格劳夫人，他与她的会面实际上应该是第二天。

你知道有多少教师对于与家长的会面是期待的吗？（要诚实哦）在许多学校，这几乎是一个传统，教师抱怨着进行每半年一次的与家长的会面。得要有准备时间，会议本身也充满压力，无序的时间表，对可能发生或不发生的事情的模糊担心或怀疑，对家长判断的担心，等等。

你在个人压力表上有"家长教师会面"吗？如果有，你一定可以把好这一关。事实上，老师们需要在一年中与家长们见几次面，无论是通过正式的家长会议结束时的分班级见面，或个人意义上的会面，或是在开学前后与家长的见面。家长需要听到他们孩子的进步。面对面的会面可以建立信任，建立更好的沟通渠道，并形成一个最佳的学习环境。与家长会面可以成为你真正喜欢的——如果你有对于学生、家长和你都有好处的态度，如果你都准备好了，如果你采取了舒适的、有意义的接纳家长的具体措施。遵循这些建议，让家长和教师的会面更有效率。

1.创建一个友好的环境

准备一个整洁的、整齐的空间，如果会面是即兴的，你没有时间准备好整个房间，找到一个你可以快速清理干净的地方。

避免与家长面对面地坐，那样的物理障碍会导致有距离感和让你有优越感，不要让家长坐在为小孩子准备的椅子上。即使你觉得坐在一年级的凳子上舒服，记得大多数成年人并不准备花一天时间坐在为小孩准备的椅子上，如果你需要，让家长坐在另一个地方，让他们坐在"成人座椅"上，如图书馆、自助餐厅或在外面的长椅子上。

如果你计划进行连续的几次会面，请创建一个温暖的环境。考虑轻柔的背景音乐，并弄一碗小吃，提供水、茶或咖啡给家长。当他们坐下时，给他们一张欢迎卡或是他们孩子提供的照片。一个简单的手势瞬间可建立一种友好的情绪，并可缓解焦虑的家长的压力。

想想你如何介绍自己，你打算用什么样的能量来迎接你的访客，你仍然坐在座位上向他们打招呼吗？你想给他们留下你对于他们的到来是焦虑的这样的印象吗？一定要注意你的态度。充满热情地向家长走去，伸出你的手，感谢他们的到来，确保家长得到这样的信息：你很高兴他们来了。请记住，你与家长互动的最初几分钟，就定下了整个会面的基调。

2.使用有效的聆听技巧

在家长说话时，你不仅仅是听到他们的声音，你必须准备好接下来要说的话，你必须听好，听懂家长话外的意思也很重要。遵循以下这些技巧，练习有效的聆听。

给家长充分的关注，确保你的姿态是表现出参与和兴趣的，调整分散注意力的想法。

尽量不要中断，但要准备好帮助，如果一个家长正在纠结于语言时，重复你所理解的家长的话来表明你的理解。

不仅仅是家长的语言要给予支持，而是对他们的权利和观点也如此，即使你不同意，也要明确你尊重他们的观点并会考虑它。避免陷入刻板印象。(例如："本恩那样的行为是因为他来自一个单亲家庭"或"丽迪雅没有得到她需要的帮助，因为她的家长是移民")

记笔记，特别是如果你一天要进行几次会面的话。记笔记显示了你的兴趣，并提醒你家长的想法和关键的决定。

保持耐心和适当的沉默。当你问一个问题，特别是一个敏感的问题，简单地等待一下，给家长几分钟思考思考或是鼓起勇气。如果你变得紧张，又喋喋不休，家长会感到沮丧，你就会错失实现真正的突破的机会。

尽量减少干扰，安排一种提醒自己的方法。在会议结束前几分钟，不要不断地看表，要聚焦于你们的谈话上。

> **正能量小贴士**
>
> 永远不要拿会面来惊吓家长，当你要求开会时，总结其目的，大多数的意外事件会让一个家长焦虑，如引起焦虑的这种电话："先生，我需要你停下来，今天下午来谈谈帕特丽•夏的事。"

3.做一个赞美学生的"夹心三明治"

在每次会议前，记住这条原则：有了孩子，这辈子就别想安生了，你总是过着提心吊胆的生活。当家长走过你课堂的门口时，情绪会很兴奋，很多时候都是恐惧或焦虑。（我曾经主持过数百次家长会，然而，当我的孩子的老师要和我见面时，我还是很紧张。）即使家长知道你要说什么，这个过程也很吓人。建立亲师合作关系，并促成有效的变化，选择一个问题作为你的重点，聚焦于赞美。像一个"夹心三明治"，两边都赞美。

例如：麦肯齐女士给托马斯的家长看了三张说明托马斯在数学方面的进步的试卷，接下来，老师表达了她对托马斯在其他方面逐渐增多的困难的担心。一旦家长们理解了这个问题，老师和家长便着手设计一个计划来帮助孩子提高他的学习成绩。老师并没有用消极的方式来表述，她花了更多的时间与家长一起计划了一个解决方案，麦肯齐转述了她的同事如何说托马斯已经在其他课程（如音乐和体育方面）取得的进步，作为对托马斯的称赞结束了会面。

4.用清晰、简洁、可理解的术语来表述问题

你可能进行一次会面只是想让家长知道和孩子们在一起时你是多么有耐心。在这个过程中，你可能会尖叫："你有一个无礼的、最不可救药的孩子，你没有教他什么叫尊重吗？"但是，这样的陈述会摧毁建立一个好的教师和家长关系的希望。

如果你觉得自己真的是对一个学生生气了，在与家长的会面前散散步，或者做其他事情来驱散你的愤怒，帮助自己平复情绪。然后，练习你将要说的，如果有必要，把它写下来，要确保你提出的任何问题都是以可以理解的、客观的方式表述的，否则它会听起来像指责和批判，这将使所有家长感到不舒服。

不要这样说	要这样说
克莱尔似乎并不在乎任何事	看起来问题是积极的,为了使他的成绩单上都是 A 或者 B,克莱尔必须按时完成他的所有任务
嘉娜只是想按自己方式做事,我说的什么话,她都不听	你可以看下这个拼写作业,嘉娜需要阅读并有方向,如果她要成功完成她的作业,就得这样
瑞克从来都坐不住	瑞克充满能量,让我们谈一些让这能量在课堂中产生效率的方式,将帮助他学习他所需要学习的东西

5.把记录带到会面中

做一个展示,告诉你想让父母知道的事。任何与老师的见面,家长都是处于弱势地位。用清楚和适当的例子,来记录你所要谈的任何进展、赞美或问题。特别是,如果你想要父母理解为什么分数在下降,或者是你相信这个学生的潜力没有发挥出来,或者是行为问题在变多等等,要用书面信息和例子来说明。

然而,不要对家长居高临下,你不需要用一手推车的例子来给家长展示茱莉雅的书写是多么潦草。一堆"坏"的例子会计父母跑掉的,在你的记录里小心选择,几个明确的例子就能切入主题。

6.有计划

你要有一个非常欢迎的态度,要体谅家长的问题,清楚并简明地陈述任何问题,不要让家长留下你对所有事情不知道该怎么做的印象。如果你想看到会议的结果,你必须为解决问题准备一些方案;如果你期待家长要做一个承诺,帮助一个孩子改变什么,那你必须也做一个你会做什么的承诺。确保家长离开会议时有一个描述问题和家长与你将做什么的重点的计划。下面是一些例子。

学生的行为	老师将	家长将
不能完成作业	在每一天的开始和结束对检查学生的作业以确保学生知道他们将要做什么	每天的开始和结束都要检查孩子的作业是否完成
在课堂上打电话,扰乱其他学生的学习	开始行为修正计划	在家里支持行为修正计划,当需要的时候提供奖励
学生反复迟到	当学生按时进来时,给一个积极的问候	先开车送孩子上学
历史成绩表现不佳	一周两个早上的额外历史指导	送孩子到学校接受一周两个早上的额外历史指导

7.给家长一张会面要点纪录表

当我参加与女儿高中老师的第一次会面时，我所听到的是："上课迟到""哗哗的冲水声""第一周期""喷气战斗机的声音""拿更多的时间""一辆火车飞驰的声音""很甜""数百个饥饿的秃鹫翅膀的声音"，因为我的焦虑水平，我几乎没听到什么并很少说话，不知道他在说些什么。

正能量小贴士

尊重每一个家长关于了解孩子学校生活的要求。在离婚或家长（或监护人）之间存在分歧的情况下，确保与每一方都有会面，不管是以一起或是单独的方式。准备两份复印件，如果只有一个家长来了，就寄一份材料给缺席的家长或监护人。

给每个家长写一个会面中的关键点的书面记录，基于"夹心三明治"的方式。在我们学校，我们用了一个简单的题为"两个星星和一个愿望"的表格，放在本章结束时的工具节中。在每一次会面之前，老师在每一个标题下写一个句子或两个句子，最后一个标题是要征得家长（教师）同意的计划。表格可发电子邮件，或是在会面结束时给家长。

一个很好的习惯

有一种技术，是一种促进家长和老师之间的理解的特别有效的工具。在众多的情形中，它都帮助了我，因此我想在这一章中单独列出来。它是用一句话来验证父母的关注。在任何谈话中，当你对于刚才所说的有所回应，你就让别人知道你是真的在听。在同一时间，你可以检查你与对方的沟通与了解，找出你得到的深层的东西。在家长和老师之间的对话，复述可以达到以下目标：

- 在家长和老师之间有更多的理解。
- 一个来自家长的合作精神。
- 为学生增加了成功的机会。
- 增强了家长和教师的幸福感，减少了压力。

"倾听"存在于登普西老师与一些家长的谈话之中。在每一个场景中，老师都选择了这种策略——倾听，并且以复述来显示他了解家长所说的一切。

第三章 哎呀！家长来了！

场景 1

邓普西先生给阿尔伯托的母亲打电话说作业的问题，他在介绍自己时，阿尔伯托的母亲打断他说："你知道，我晚上回家很累，我能做的最后一件事就是与阿尔伯托关于家庭作业的战争，我只是没有时间和精力去管了。"

邓普西先生回应道："我知道你现在是多么的困难，时间在你的家庭生活中太珍贵了，我也知道你很关心你儿子在学校的表现，我们都希望阿尔伯托成功。我的工作与你的目标是一致的。我会给你一些建议，这将有助于你每天晚上快速地检查他的作业，只要我们一停下电话，我就会给你写一张便条，列出这些建议，所以不要担心我解释时，你写不下来。"

场景 2

邓普西先生正在与芬的父母谈课堂行为问题，芬的父亲回答说："请相信我，如果我能做，我一定会做好的，我知道，芬在学校的行为是不可接受的。我们在家里也看到很多类似的情况，她的母亲和我一样，对应该怎么办毫无头绪，她太不听我们的话了。"

邓普西先生的回应："我听出来你真的想帮助她在学校的表现，我承认，马上弄清楚如何做并不容易。孩子是复杂的，如果你愿意，我们可以一起讨论一些解决方案。你知道，我曾经和许多像芬一样的孩子相处过，情况倒不至于毫无希望，我可以向你保证，如果我们齐心协力，我们可以做出一个计划，将使芬回到正轨。"

场景 3

里根的父亲打来抱怨说给里根的社会学分数打低了，"我不知道你是否认识到我的孩子是一个非常特殊的孩子，她有一些学习上的困难，我不认为你给了她足够的机会"。

登普西先生的回应："你是想把最好的给里根吧，这就是为什么我和你一起努力，希望看到她在我的课堂上成功的原因。我想我听到你说她有特殊的品质，我可能没注意到，告诉我我需要知道的关于里根的一切，我们将拿出一个符合她的需求的计划。"

让我们看一个例子。中学历史老师哈米先生为星期一早上准备的"需要做"备忘录：

> 会面的注意事项：
>
> 不要进行没有准备的会面。
>
> 不要通过身体位置或使用肢体语言威胁或显示不感兴趣。
>
> 不要与家长面对面地坐或是让家长坐在一个小学生坐的椅子上。
>
> 不要提过去的事。
>
> 不要说以前的老师、学生的闲话或无关的主题。
>
> 不要通过提出过多的问题来压制家长。
>
> 不要用懒惰的纪律处分来威胁父母。
>
> 不要通过引进教师的增援部队来压倒家长以获得道德支持。
>
> 不要迟到，不要让父母等待。
>
> 不要没有得到一个解决问题的计划就结束会面。

要有这样一个复述的好习惯，这将导致有更好的干预措施和师生关系，让学生、家长和你受益。当然，要做到这一点，你必须养成另外几个好习惯：

1.问学生父母他们的想法、意见，或反馈（或停止长时间的讲话，好让他们发言）。

2.倾听父母说些什么。如果你想要复述，必须要听他们的主张、需要和信息。

3.审视你对学生父母的态度。你必须认识到，他们比你更了解自己的孩子。他们也有有价值的东西可以说。一旦你接受这种信念，你会更好地聆听，并通过复述反馈你的理解。

花几分钟去练习这个策略。想想你将如何复述这些父母关注的针对你的问题：

"我的女儿说你一直都在挑她的毛病。"

"我在上学时从没有学过这种数学，我怎样帮助孩子完成他的家庭作业？"

"请不要再打电话给我说我的孩子的事，她的父亲几年前离开我，我已经做了我能做的一切了，所以她在课堂上表现得不太好，孩子就是孩子，对吗？你是老师，你不能处理吗？"

> **教师小贴士**
>
> 试着确认你是与家长一条战线的,而不是与他们对立的。此外,尽量避免因一些小问题冲突(尤其是那些过去的),把话题集中在大目标上,未来可以做的如何改善的事情上。
>
> ——德克萨斯州中学教师

家长志愿者

家长们在课堂上,这听上去有些吓人。但实际上它是建立教师和家长的合作伙伴关系的最好的方法,使各方受益(父母、老师和学生)。这里就有一些好处。

- 老师的压力降低了(因为一些更平凡的任务,如准备和组织材料,由其他人完成了)。
- 学生看到他们的父母在课堂上的帮助,学生会认为,他们的父母认同他们的教育价值,想成为他们的一部分。
- 学生看到他们的老师和家长为了一个好的课堂体验一起努力,这增加了学生对老师的好感。
- 父母越来越接近他们的孩子,更接近于学业的期望和孩子的表现。
- 访问学校的家长志愿者看到越来越多的事实,更加理解课堂上的日常挑战。当停车管理员对你唠唠叨叨的时候,这些父母是你最大的支持者。
- 研究表明,家长的参与会带来学生更高的出席率以及更高的学业成就。研究证实,当父母更多地介入时,学生的英语和数学方面取得了更好的成绩,他们的阅读和写作技能也提高了(爱泼斯坦,2008)。此外,当家长参与时,学生和家长对教育有更积极的态度(马丁利等,2002)。

> **开心一刻**
>
> 好消息是阿比盖尔的妈妈成为她所在班级的志愿者。
> 坏消息是阿比盖尔的妈妈成为她所在班级的志愿者。

成功的家长志愿者的障碍

障碍1：时间（家长要挤出时间做志愿者）

家庭和工作职责之间、协调两个家庭的时间表（在离婚的情况下）、课外活动，并试图找到家庭活动的时间，许多家长很难分出时间和精力去做志愿者，然而，找时间去做是重要的。帮助父母看到与孩子的学校生活的互动是重要的，帮助他们参加。

绕过障碍

一致的来自学校的抱怨，父母就是不注册或不参加，无论是在学校的运作或者是志愿者。这儿有一些办法可以得到志愿者——甚至面对所有其他的情况。

提供各种志愿活动的机会。创建一个适合各种不同的时间安排、技能、预算和个性风格的参与者的清单。包括学校生活开始前或结束后的要求、周末项目、可以在家里完成的任务。包括从客座演讲到提供一次班级庆典的想法。确保可能会感觉不舒服的家庭或者是有语言障碍的人也有机会成为志愿者。查看工具节中的"父母成为志愿者的50种方法"。

在年初，向父母发出"感兴趣的调查"。用它来了解父母的技能、兴趣和时间安排。一旦你有了一个可靠的电话号码和电子邮件地址等信息，保存在手边并很好地利用。看一下本章结束时的工具节的例子。

父母还是不能参与进来？这儿有一个关于我如何让父母成为志愿者的秘密——这个秘密很简单，你可能会吃惊。准备好了吗？问他们。我不是在开玩笑的，在尝试了所有的技巧后——在学校网站张贴要求，给父母打电话、发送电子邮件，并在学校的报纸上报道。我发现了这个秘密，父母想要帮助，打算帮助，但我们却很少对这些"爱的召唤"的邀请做出反应，总认为其他人会这样做。然而，我们发现，当与父母一对一时，他们就不会（或不能）说"不"了。

我的同事在下午回家之前，和等在车里的家长聊天，回到办公室便带回了志愿者的名册。一个一年级的老师只需要站在他的教室外面，早上花几分钟，拿一堆需要被剪裁装订的拼音书，这时就有志愿者发现了。父母被电话要求时很少说不的，但是同样的要求以短信的形式往往就会被拒绝。

> **教师小贴士**
>
> 跟家长接触时记得做笔记,记录下日期,总结电话联系或面对面的对话。当你发送一个信息或邮件后,在你的笔记本上记下。这样做,当你想回顾之前的接触时就很容易了。
>
> ——一个有着22年教学经验的小学老师

像许多教育工作者一样,我的工作人员向我抱怨,总是那一批父母提供所有的援助。 现在却有另外的惊喜:我们有一个从未见过的志愿者站在走廊上! 突然有一个家长找机会提供一些午餐,以帮助我们早点休息。 另一个父母用卡车来帮助运输新的科学实验台。 一对不会讲英语的父母在护理学校前面的花园。 通过直接询问父母并提供适合各种时间安排的志愿者机会,我们看到了95%的父母都参加了。 教师和父母之间的联系也加强了。 父母觉得他们与学校有联系了,并且让学校不同了,孩子们看到他们的家人重视他们的教育,而我的工作人员的压力也减轻了。

最后一点提醒,并不是我夸大,要确保你的家长志愿者认可并感谢他们参加的每一个活动。

障碍2:态度(你的!)

"我自己做这件事会快很多。"
"我不需要另一个人在我的教室里承担照顾的角色。"
"我的教室门在上课铃响时就关上了,怎么做就是我自己的事了。"
"不想让父母在我的教室里窥探。"

好吧,也许你并不是一个这样态度的老师,但许多老师是这样的。 随便一个学校的调查,你会发现很多老师认为与家长的关系是有问题的。 许多教师在处理与家长的关系方面是没有多少准备的。 当老师的态度是消极的或是警惕的时候,父母会感觉到——志愿者的工作可能吃力不讨好。

走过这些障碍

如果你是一个有效率的老师,你没有什么问题可以隐藏。 欢迎家长志愿者,安排他们做重要任务,可以进一步提高学生成绩和兴奋度。

请理解家长志愿者会为你的课堂带来丰富的礼物和才能。 将他们的参与视为丰富你学生的学校生活的一种方式。

你要意识到，一个良好组织的家长志愿者团队会减轻你的负担和压力。

准备好，在门口迎接家长，并把所有材料的书面指示准备好。如果父母知道该做什么，事情就会更顺利。想清楚家长志愿者的工作职责和地点（例如，总是在老师的休息室里工作不是一个好主意），并随时准备根据需要进行调整。

用温暖的微笑问候志愿者，这会让你感觉更放松，并会让家长放心。把重点放在让家长有愉快体验上。

将学生们写好的感谢你或感谢家长志愿者的感谢信收录到你的班级信息报上。当志愿者感觉被感谢了，他们在你的教室中的体验也会更舒适，你也是。

不要被吓倒。记住，是你在负责。给家长与学生相关的、清晰的规则（纪律什么的）。不要害怕在必要时轻轻地提醒他们这些协议。如果你观察到的话，不要害怕改变志愿者的工作，当前的"任务"不起作用时，就要这样。我们在学校问格雷格女士，她被安排利用她的额外时间来帮助监测幼儿园的洗手间。一切都很顺利，直到我听到走廊里她的声音，她在斥责学生们的行为，用她没被允许的行为所造成的严重后果恐吓学生们。我们让她重新去处理图书馆的书架子，她在这个安静的更有秩序的环境中出色地完成了任务。

> **新教师小贴士**
>
> *让志愿者给学生打分、输入成绩、统计考勤或做任何有关学生信息保密的工作是不合适的，检查你的学校或学区的隐私指南。一定要保护你的学生及其家庭的隐私。*

不是父母，胜似父母

只要看一眼萨凡纳，就能知道她是一个被忽视的孩子，苍白而不健康，明显吃多了糖和脂肪。萨凡纳衣冠不整，其他学生排斥她，因为她有强烈的气味——没有洗澡，满是香烟的气味。她的父母几乎没有受过教育，也没有工作。即使乐观地说，她的父母也几乎不能帮到萨凡纳。放学后，她照顾自己的小妹妹，而她妈妈则看电视并抽烟。似乎只有她妈妈的尖叫声才是她们之间的互动。

尽管家里闹成这样，她还是高高兴兴地去学校，而且微笑着，感染着教师和其他的学校工作人员。萨凡纳拼命在她的同龄人中交朋友，但孩子们却不喜欢她那不修边幅的外表和挥之不去的气味。老实说，大部分的教职工也以同样的态度对待萨凡纳。

你的教室里有没有这样的孩子？他们没有父母与监护人，或者父母与监护人并不能参与教育过程。父母可能会被监禁或承受着毁灭性的疾病的痛苦。也可能家里正在苦恼于药物的滥用，财务状况也可能差，挣扎在生存的边缘。（这并不代表着过失或缺席的家长就是较低的社会经济阶层独有的。）

不管是出于什么原因，有些父母只是不关心，或者不在意学校发生的事情。但是一个课程老师不管多么的充满热情都不能填满所有孩子所缺乏的。我们中的许多人进入这个职业是因为这两个原因：我们是天生的护士并且完成度较高，而我们期待自己有高的成就。当我们得不到家里的任何帮助或支持时，我们变得不知所措，生气和沮丧，或者我们只是觉得无奈。当这一切发生时，是时候去寻找一个学生导师了。

将学生与导师配对

萨凡纳很甜蜜并期望幸福，但她的成绩永远在五年级同学的后面，家庭作业做不完。萨凡纳没有家庭用品，没有设施，没有父母的支持或鼓励。她下午和晚上得全职照顾她的小妹妹，只有在学校里她才是一个孩子了，但得到的却是同学和老师极少的关注。

教师小贴士

考虑在校外找导师的可能性。已经有些公司与学生合作。家长志愿者团队和其他社会团体资源（从当地教堂退休的爷爷、奶奶）或许可以给孩子们提供好资源的支持。当然，认真检查你为校外导师制订的严格的规则和角色。

——教师和导师项目的负责人

环顾一下你的学校，找一个愿意充当一个如此迫切需要支持的学生的支持者角色的人。一个专业的老师、学校的辅导员、专职人员、食堂工人或学校秘书都是不错的选择。接触另一个与你同年级的老师，如果他是你的学生的导师，你

也可能是他的学生导师之一。 不要忘记管理者！ 作为校长，我也多次担任导师。 我总是欢迎这样的机会，一天至少有一小部分时间花费在我喜欢的事情上——与学生互动，这会令我很高兴。 当你与一个可能成为导师的人接触时，说明你是在寻找一个小小的承诺时间，哪怕一天中只有几分钟，唯一的要求是有人愿意表示对孩子的支持。

在我们学区，小学与对面街道的高中形成了合作伙伴关系。 一组高年级的学生在午餐时来帮忙，每个学生带一个孩子。 高年级的孩子与他所照看的孩子一起玩跳棋、读书、踢足球、休息，这对于两组学生来讲是双赢。 我们非常清楚，这并不是辅导课程，但是，这种支持和鼓励的关系，能够帮助学生感觉到特别。 我们没有正式学习，但可以说，让他们的学生参与进来，老师会感到幸福，而他们的压力也在减轻。 老师们每周两次可以从这些孩子的帮助中休息 30 分钟，在所有的情况下，学生们再回到教室时，变得更幸福也更有合作意识了。

建立导师和学生之间的纽带，建议开展一些非正式的互相了解的活动，如：

- 帮助装订学校文书资料。
- 在午餐时间与校长玩点疯狂的游戏。
- 帮助整理一下课堂，如放学后擦白板，或在上课前帮体育老师将健身器材从体育馆中拿出来。

由于记录的一些健康问题和可能的药物问题，学校的切利护士被选为萨凡纳的导师。 每天早上在开始上课前，萨凡纳只用花几分钟和很少的精力停下来跟切利护士谈谈健康问题。 渐渐地，萨凡纳的日常出勤率增加了，她再也不迟到了。

只要学生与导师的关系建立起来了，导师就可以很容易地询问学生，他们这一天怎么样或者是他们的科学考试表现得怎么样。 导师的角色就会慢慢变成一个激励者，提醒学生放学后留一会儿参加学习小组或者是为他们取得好成绩而庆祝。 学生将在一个积极的关注中成长，并且经常会因为不辜负导师对自己的高期望而努力。 教师的压力会减少，教师的重担也会被分担，学生的态度和自尊都会有所提高。

一个学生的导师不可能弥补学生每一天所面对的家庭生活所带来的失望，但是，导师可以带来一些改变。 听听来自恶劣家庭环境的成年人的故事，学生总能精确地找到学校里相信他们的人，并把这种相信作为改变他们生活的一个因素。想想你的教育生涯中影响你最深的人，并且想想他是怎么影响你的生活的。当一个人花时间去关心学生，学生就会发生很大的改变。

由于日常的互动，切利护士可以以一种健康的观点去接近萨凡纳的个人卫生。因为很明显，只要一回到家，所有的东西都会被破坏或滥用，因此萨凡纳的个人卫生物品（淡紫色香皂、牙膏和牙刷、除臭剂、外套等等）都存在切利护士办公室的浴室架子上的一个可爱的礼物盒里。此外（得到她妈妈同意）还提供了几件衬衣和几双袜子。萨凡纳来到护士办公室清洗、换上干净的衬衣和袜子（放学后，萨凡纳回到护士办公室脱下原来的衣服，切利护士将会清洗萨凡纳的衣物，所以，办公室里总是有干净的物品可用）。这样循环几次之后，同事发现萨凡纳在体育场上被其他女孩子邀请一起玩耍了。

学生导帅制可以帮助所有人参与进来：教师的压力减少了、重担被分担；学生的成绩和行为都有所改善，学生感到被关注和成功（也许是第一次），与有同情心的成年人的良好关系也建立了。

对家长与教师的关系的影响

如果你开始采取行动，为一个学生寻找一个导师，那么它将怎么影响你与家长的关系？或许你会发现没影响。许多情况下，这个问题是如此的复杂以至于你所知道的唯一结果是你从学生那儿观察到的。然而，学生导师制通常是对家长有利的，并且对于开始一段有用的家长与教师的关系是有帮助的。许多家长开始对学校有好感或者是让孩子来学校会更安心。他们相信教师的选择。他们对于自己的孩子会有更多的希望，或许会更因孩子而骄傲。

在开始建立导师关系之前，与萨凡纳家长的接触是困难重重的。她的爸爸妈妈会以不合适的叫声进入校长办公室或教室。他们看起来似乎对于学校的建筑非常不安，并且不知道怎么去适应它。

在导师关系建立几个月后，情况有所改变。萨凡纳的妈妈会送萨凡纳来学校，或是询问老师萨凡纳在课堂上表现怎么样。她看起来似乎对于萨凡纳获得的额外的关注很自豪。由于学校里的每个人都认为萨凡纳不一样了，她的妈妈也认为萨凡纳不一样了。她走路时背挺直了一些，笑也多了。更惊喜的是，萨凡纳的妈妈居然还作为志愿者给学校的一些项目提供了帮助。

但是教育者知道的却不是童话般的结局，萨凡纳和她的妈妈因为学校报道了一些可疑的药物滥用而迅速地从学校消失了。学校的同事不能改变萨凡纳家庭生活的现实。但是，在和她相处的两年里，我们可以给她一个充满许多拥护的支持性的伙伴关系。我们知道这段在学校里被关心、被珍惜、增加了自信的经历（即使这种关心在以后的时间里可能没有人再提供给她）也会继续支持着她。

激情重回

与家长建立一个良好的伙伴关系的好处自不用多说。如果你想为你的学生提供最好的教学体验，很明显你需要这样做。

当学校与家庭的联系紧密并且互相支持的时候，一切都会很顺利。在这个方面你的每一个进展都会很好地反映在你的舒适度和压力水平上。并且当你看到你的学生因为你和家长共同推进而学习得更好时，你会品尝到喜悦的甜蜜。并且当你不再躲避家长而将他们视为自己的支持者时，你将更放松、更享受你的工作。

我的建议

当处于精神高度紧张的活动（比如解决问题）时，你会注意到你的额头比平常温度高。相对的，当你的精神和身体都很放松时，你会注意到你的额头的温度低了一些。你可以在你的额头放一块凉的（不是冰的）的布来暗示你冷静下来。当你在学校或在充满压力的地方待了一天回到家时试试这么做。这样也会让你睡得更好。在你睡前的十分钟，在你的额头放一块凉的布（千万不要是一罐冰冻的苏打水或豌豆罐头）。

工具

79：两颗星星和一个愿望

80：信息报的示例

82：家长志愿者的服务建议

83：你的才能和兴趣是什么？

84：教师与孩子父母沟通的检查表

85：教师与家长关系的自我反思

两颗星星和一个愿望

我们庆祝 _____
_____
_____

我们庆祝 _____
_____
_____

我们将这样做
_____
_____
_____
_____

我们计划
教师将要如何做 _____
_____
_____

家长和监护人将如何做 _____
_____
_____

父母签名 _____ 教师签名 _____ 日期 _____

信息报的示例

五年级

图里奥诺先生的班级新闻

11月

伟大的班级是怎样的!

谢谢你给我机会来教你的孩子!
我们将一起拥有一个很好的学年。

需要的帮助:
我们为了一个感恩节的大项目需要两个家长志愿者。

如果你需要帮助请与我们的课堂管理者加西亚女士联系,电话222-333-444或者roommother1@yahoo.com

我们的班级愿望列表:

我们希望本月做几件事情,塔玛拉的父亲捐献了两盒工艺棒,谢谢他!

我们的木屋项目还需要以下东西:
四盒超大的椒盐脆饼

三听白色的粘合剂(是为了把木屋粘在一起)

十一月是我们的繁忙月,你可以看到下面的日历,我们这个月有两个远足计划。

周一	周二	周三	周四	周五
		去农场		
				木屋项目
到博物馆		感恩节项目		
	蒂米的生日		幸福感恩,不上课	不上课
		肯亚的生日		

第三章 哎呀！家长来了！

信息报的示例

柏柯恩女士的六年级班级

你可以使用的新闻

我们在做些什么？
作者：希尔柏和马特

科学：我们正在学习爬行动物。柏柯恩女士带来一条她的丈夫在他们的农场抓住的响尾蛇。她将其保存在冰箱里。我们剖开它，发现了兔子和老鼠的骨头。这是很酷的。

数学：我们在学习指数的数字和符号。

社会学习：每个人都为布置给他们的工作而努力着，我们轮流向全班解释我们的海报和小册子，我们已经见识到了每一个工作的惊奇之处。

语言艺术：我们大概读完《安妮：年轻女孩的日记》这本书了，关于本书的测试将会在第十四周的星期五举行。

要记住的三月事件
作者：库比和史蒂芬

3月12日——牧场日
3月17日——博物馆日
3月21日——带一袋棕色的纸来清洗储物柜

闪亮的星星
作者：马日娜和苏

- 肯德拉的足球队在区域竞争中获得第一名。

- 班级喜报！我们在四月的一个月内有完美的出席，继续努力！

- 桑德女士，谢谢你把你的数码相机送给班级用，我们每天都用它。请看一看我们在班级之外的公路上的合影。我们也在去博物馆的路上照了相。

81

家长志愿者的服务建议

✓ 校内

- □ 帮助维护或清洁户外
- □ 在数学实验室和计算机实验室帮忙
- □ 与学生共同练习数学问题
- □ 在图书馆帮助学生挑选书籍
- □ 编辑整理教室用品
- □ 关于专业的谈话
- □ 准备关于兴趣的演讲稿
- □ 给科学实验提供用品
- □ 给艺术项目提供用品
- □ 组织和清理班级用品
- □ 午餐时或休息时与学生谈话
- □ 把学生带回家的文件内容整理好
- □ 给学生阅读或听学生阅读
- □ 准备、帮助、清洁：聚会庆典才艺展示、图片日、清仓大拍卖、义卖、书展、文件日
- □ 为音乐会、运动会、戏剧、艺术实验帮忙
- □ 艺术品补货
- □ 与学生一起在计算机上工作
- □ 复印
- □ 保管班级剪贴簿，参加班级的踏青
- □ 修剪学校的花园
- □ 轮流当休息室父母
- □ 在义务教育日帮助老师
- □ 在休息时帮助老师
- □ 辅导个别学生
- □ 还书给图书馆
- □ 参加陆地旅行
- □ 创办黑板报

✓ 校外

- □ 给学生在商业机构实习的机会
- □ 为班级用品还价
- □ 为接下来到来的单元收集资源
- □ 为大的项目提供设备和用品
- □ 打电话、寄信或电子邮件，提醒家长
- □ 制作简单的游戏
- □ 收集和打印信息报
- □ 弄一些捐献、游戏、食物和喜欢的东西
- □ 为旅行或课堂活动提供志愿者
- □ 为基金捐款
- □ 编辑学校字典
- □ 制作、布置游戏
- □ 在教室网络上工作
- □ 为课程单元寻找演讲者
- □ 为项目收集资源
- □ 写新项目的许可证
- □ 有秩序地收集和放置书籍
- □ 组织班级图片

小贴士

1. 列出志愿机会的清单。
2. 按时间需要组织你的列表，时间、频率（一次，一月，一周等等）或者位置（在家里，在学校帮助下，等等）。
3. 给家长发送可以回复的表格。
4. 准备家长做任务时需要的袋子、笔记本或其他东西，包括特殊的操作说明。

你的才能和兴趣是什么？

父母志愿者测试

  我们对你参与课堂和学校的行为进行评价。有很多种方式去完成自愿者工作。你可以在上课前、上课后、在特殊的事件中，在家中或者是你工作的地方来进行帮助。你的志愿承诺可长可短，一周一次或一年两次，有各种机会来与你的兴趣和计划相匹配。

你如何能够帮助？

  看一下我们附着的列表，以及我们所需要的志愿者的工作，然后完成这个表格。

你的名字 _____

电　话 _____ E-mail: _____

你想成为哪种志愿者

  ____ 在教室　　　____ 在外面的事件中　　　____ 在家中

你能够提供帮助的最佳时间是什么时候？

  ____ 工作日　　____ 晚上　　____ 周末

额外的时间 _____ _____ _____

你特殊的兴趣、才能、知识和专业区域

_____

_____

什么样的活动适合你

_____

还有哪些你适合做却没有列上去的事情

_____

教师名 _____ 年级 _____ 房号 _____

教师与孩子父母沟通的检查表

任何我和孩子父母交谈或者通信的时候,我会:
- 首先确保它是一个方便交谈的时间。
- 与人说话或写作时有耐心、表示关心(但绝不是屈尊的语气)。
- 马上陈述我打电话的理由。
- 尊敬地说或写。
- 说他们能够懂的语言(没有教育术语)。
- 多听少说。
- 征求他们的意见或观点上的问题(如果主题是一个问题的话)。
- 请求他们的帮助(如果它是一个需要帮助的情形)。
- 复述我听到他们说的。
- 清晰地表述我需要从他们那儿得到的。
- 谈一谈我提倡孩子做的。
- 让他们知道怎么可以与我在这个观点上做进一步的评论或讨论。
- 通过回顾或总结目标或之前的决定来得出结论。
- 感谢他们付出的时间。
- 关于我们得出的结论是什么、他们同意做什么、我同意做什么(如果沟通涉及的行动要执行的话)做出书面总结。

教师与家长的关系的自我反思

问题	我的答案
在与孩子的父母沟通时用什么适当的模式	
为了显示尊敬和对孩子父母打开大门我做了些什么	
为了孩子父母能够适当地进入我的教室我做了些什么	
我和家长团体多久联系一次	
平均下来,我与每个学生的家长多久联系一次	
孩子的好消息在与家长沟通中占多大的比例	
多久会询问家长的观点或请求他们的帮助	
在会后或者电话交谈后,家长和我,是否每一方都有一个关于我们该如何帮助学生的清醒的认识	
为了帮助他们的孩子,我邀请家长加入后的效果如何	
我与孩子的父母处理相关事情时感觉舒适吗	
孩子的父母和我在一起时感觉舒适吗	

在复述我的答案时,我学到了:
在改善我与孩子父母关系方面的两个目标
1.＿＿＿＿＿＿＿＿＿＿＿＿＿＿＿＿＿＿＿＿＿＿＿＿＿＿＿
2.＿＿＿＿＿＿＿＿＿＿＿＿＿＿＿＿＿＿＿＿＿＿＿＿＿＿＿

第四章　我是教师还是警察？

> 我的一个学生显然是不受控制了,我不知道如何处理她。但当我去教务处寻求帮助时,我感到理由不充分,因为我不能说因为不知道如何处理课堂上的问题。
>
> ——文森特,伊利诺伊州
>
> 我只是不相信我的六年级学生使用的语言,但我把家长的注意力吸引进来时,我发现他们并没有被孩子的语言所困扰,如果他们不在乎,我如何对学生进行纪律处分?
>
> ——迪娜,宾夕法尼亚州
>
> 我已经在这所学校快一年了,我还是不能制订出学校的纪律计划。
>
> ——卡米尔,科罗拉多州
>
> 助理校长说过,我可以在有任何一个问题时去找他,但我只试过一次,因为现实是没有机会去寻求帮助的。
>
> ——BEV L.,缅因州
>
> 不管我如何努力,学生们还是无心向学,他们似乎只有被激怒时才会表现出重视。
>
> ——哈维,路易斯安那州

第四章　我是教师还是警察？

新教师充满希望地进入职业，充满期待，这是一个很好的事情。事实上，新教师往往让更有经验，有时也更疲惫的教师重新恢复活力。但这些期望是不现实的，会很快导致新教师绝望。第一年的"真正的"教学可能并不全是真正的教学方面的事情，特别是当它涉及所有管理课堂的细节、试图让学生合作时。

一些学校对学生采用隔离方法，把他们从有争议的家庭情况及额外职责中分离，毕竟，这些问题"真正地"让老师难以处理。他最终被控制，即使人不在教室里，他们的心还是放在课堂里。所有的东西，都是为了在学生、教师进入课堂前创造一个运行良好的课堂（如对学生的期望、创建班级规则、与父母的关系、一个家庭与学校沟通的过程、良好的课堂管理程序）。

教师选择跳槽的最重要的原因之一是现实的课堂体验与他们的期望不相匹配，他们本来以为，他们将以令人兴奋的学习经历激发年轻人的心灵。但事与愿违，他们开始感觉自己像交通主管和警察。

新医生不会做神经外科手术，一家四星级餐馆的新员工不会计划菜单，一个新飞行员不太可能在第一次飞行时驾驶大型商用飞机。然而，一个新老师在他们开始工作的第一天将管理 150 个无所不知的高中生，125 个充满活力的初中生，或者 27 个不能把手摆好的小学生。

在过去的几年里，我在学校中采访了许多未来的老师，我觉得他们缺乏对管理一个教室所需的所有过程和技能的培训。结合不充分的准备与今天的充满行为问题的学生，你就会处于一种烦躁的情绪，成为一个充满压力的老师。

失去热爱

你整天都在和学生们做斗争，乞求关注，提高你的声音并且经常大叫，花在维持纪律上的时间比教学还多，如果这样，就难怪你有压力！每天都要走进一个失控的教室就像是坐上了驶向职业倦怠的快车。因为与学生的斗争和课堂管理的痛苦，许多老师带着头痛回家——充满泄气和疲惫，他们没有完成一天的教学目标，他们对自己的学生感觉失望。

这不只是新老师才会碰到的问题，丰富经验的老师也会被困在管理不善的模式中，他们每年都带着学生能够表现得好点的希望开始，但反而发现自己陷入了一个与学生年复一年的循环斗争之中。

如果你害怕铃声响起的那一刻你的学生们进入教室，你就很难爱上你的职业，这项工作确实不可能让你每一天（或者大多数的日子）都对你的学生感觉良好，或者是让你感觉所抱有的期望已经实现了。做一些态度的调整，准备和练习，对于一个班级，如果你可以没有疯掉却管理得很好，而这对你和你的学生而言将会是一个高效的、舒适的地方。

一个新的开始

你对工作的幻灭感的多少是与学生的困难关系相关的吗？ 注意这些，每天结束时，反省自己的沮丧程度并评估其原因，你与学生的接触可以是令人振奋的、有回报的、令人喜悦的。 你可以通过更好地进行课堂组织和管理来大幅减少带来压力的事情。 在学年期间改变程序是很难的，特别是当你进入一个螺旋状的下降通道时。 但即使这样也是有可能的。

许多年前，一个聪明的儿童心理学家海姆·吉诺特写了一本简单但对于教师而言充满力量的书（《老师和孩子》，1972），它拯救了许多混乱的、充满争论的课堂。 这是他的理论的基本前提，用他自己的话说：

"我得出了一个令人惊讶的结论，'我'是课堂的决定因素。 我的个人方法决定了课堂的氛围。 每天的心情决定了课堂的'天气'。 作为一名教师，我拥有让学生痛苦或欢乐的巨大的力量，我可以是一个折磨的工具，也可以是一个激励的工具。 我可以羞辱或幽默、伤害或治愈，在所有情况下，是我的反应决定了危机是会升级还是降级，决定了学生的学习氛围。"

你可能会问："什么？ 这家伙说这是我的问题，是我的问题而不是孩子的问题？"但如果你读完整本书，你不会找到吉诺特博士指责或责怪成年人是课堂的问题。 你会发现，他表明了教师的表现方式，有力地影响了学生的行为和表现的方式。 事实上，许多课堂管理问题实际上是由老师造成的，而这许多问题本可以由教师防止或减轻的。

我将需要推荐另一本书来介绍我所看到的有效的课堂管理技术。 因为这本书是关于保存或抢救你对教学的爱，我会提出一些我所知道的基本的管理流程，以使课堂更强大、和谐和学生更有效率以及让教师更快乐。 与吉诺特博士上面的发现一致——教师是决定性因素，本章将重点关注以下问题。 用它们来评估你自己的程序，以及它们是怎样缓解或促进一个运作良好的课堂的。

你如何与学生相处？

你如何与学生沟通？

你如何吸引（保持）他们的注意力？

你如何管理学生？

你的教室是怎样安排的？

你的课堂规则有多有效？

你如何遵循规则？

你如何与学生相处？

你有没有停下来仔细检查一下你对待学生的态度——你是如何对待他们的，或者你是怎样、什么时候学着与学生相处的？ 如果没有，试试这个：写一个段落或一个列表，描述你是如何看待学生以及你是如何与他们相处的。 当你这样做时，问自己这样的问题："我是把学生看成被我这样一个成熟完整的人管理和控制的半成品来对待的吗？""在对待一个特殊的学生或家庭时我有没有被社会或民族或学术团体的成见影响？""我听不听由其他成年人或学生贴在这些学生身上的标签？""我是否真的将学生视为个体来关注？""我尊重每一个学生吗？""我对学生的关心是真诚的吗？"

你与学生的关系是你课堂管理的基础。 健康的、相互尊重式的师生关系意味着课堂问题最小化。

态度——学生需要感知自己是重要的、有能力的，并且在控制着他们自己的生活，你是以这种方式看待他们的吗？ 你真心接受每一个学生吗？ 保持你的思想开放，充分欣赏每个学生——而不是评判。

关心和兴趣——你是否真的关心每个学生，即使是最棘手的一个？ 你怎么表现出这种关心？ 一个最好的方式来证明关心是对学生表现出个人的兴趣。 真正了解学生的喜恶、优势、需求、偏好、希望、梦想、恐惧。 了解他的学习风格或所面临的社会挑战。

尊重——大多数课堂规则列表中，都包含一句这样的话："以尊重对待所有人。"你是以你希望从学生那儿得到的尊重来对所有的学生一视同仁吗？ 你是否是以你希望从学生那得到的尊重和尊严来回答和沟通的？ 我可以保证，如果他们感觉不到你对他们明显的尊重，你也不会得到学生的尊重。

要真实——学生可以发现假心假意，哪怕隔着一千米远。 没有老师可以假装关心、感兴趣、尊重而不被发现，这种虚假很快就会被发现。 用正常的声音说话，而不是"假装"师道尊严。 不要用一个虚假的自我来侮辱你的学生，他们需要一个真正的人来教育他们。

> **教师小贴士**
>
> 不管怎样要找到一个由吉诺特写的《老师和孩子》的副本。它彻底改变了我与学生的关系,他的想法彻底改变了我与我自己孩子之间的沟通!
>
> ——一名教师和家长

你如何与学生沟通?

你怎样和你的学生交谈,告诉他们你对他们的感受。这关乎你的整个声调和表情、语言和举止以及如何批评或赞美、安慰、需求、提问、解释和评价。它适用于非语言信号和口头谈话。

> 谈论情况而不是个性或性格。
> ——海姆·吉诺特

根据吉诺特博士的建议,老师和家长对沟通的概念——言语或非言语的信息传递方式都适合于特定情况的处理。

为了解释概念,吉诺特描述了教师最好的做法和最坏的做法。在最坏的做法下,老师评判一个学生的个性或性格,他们给学生贴标签,贬低和诋毁他们。虽然这通常是无意的,但相比于解决问题,它带来了更多的问题。在最好的做法下,老师解决了一个特殊的情况,他们肯定学生的尊严,把他作为一个社会的人来对待。这种方法带来的是解决方案,而不是制造问题。

例如,一个学生在考试或家庭作业上做得不好。

不要这样说:"你有能力做得比这更好,像个聪明的孩子,从现在开始,我希望你能努力工作。"

而是应该说:"我很关心你在过去几次英语作业中的表现,你的水平需要进一步提高,让我们来谈谈我该怎样帮助你。"

不要这样说:"你为什么搞得这么乱?你制造了一个很脏乱的空间,现在就把所有的文件捡起来。"

而是应该说:"我看到地上有很多文件,它们是属于你的桌子的。"

> 开心一刻
>
> 老师："凯西，你的文章有很多错误，让我们聚在一起，这样我就可以帮助你纠正他们。"
>
> 凯西："你还是跟我父亲谈吧，他才是写这篇文章的人。"

如果你的工作基础是一个关心、尊重和真实的师生关系，自然就可以进行相互尊重的沟通。这些原则将有助于意识到和练习表明你接受和增加学生自我价值的沟通。

- 描述一种情景。如果有必要，给出另一种选择。
- 避免"你"的信息，特别是那种诋毁学生的个人、性格、观点、感觉和经验的信息。
- 不要羞辱、责备、威胁、贬低、命令、贿赂或说教。
- 清楚地表明你的期望。
- 沟通中不要讽刺。
- 不给学生贴标签。
- 赞扬学生所做的，不要对他们是怎样的人说三道四。
- 在每一次交流中，接受和认可学生的感受。
- 邀请学生合作而不是命令他们。
- 使用身体语言，确保其表示接受和照顾。

你如何吸引（保持）他们的注意力

如果你观察了十几堂课，你会发现很多的老师每天花上大量时间来抓住或保持学生的注意力。如果一个老师不能把这个事情做好，很多时间就浪费了。当然这会带来更多问题。事实上，学生们很早就开始学习以避免大人们的吼叫。所以你必须有一些可行的方法让学生能够把握重要的信息与方向。除了这些，你需要让学生参与课堂学习的方法，如果你的方法不起效，这儿有一些方法帮助你。

寻找对你有效的吸引关注的策略。那些额外的方法（钟声、一个手势、一个特殊的短语等）并不是最重要的有效的方法。把期望清楚地说明，让学生理解你每一次希望他们遵守的期望。通过角色扮演练习你的期望。如果学生的反应开始减少，再培训、再实践，或者是换一个技巧。在本章的工具节你会找到几个吸引注意力的技巧。

不要大声喊。老师经常试图大声说话以盖过学生的吵闹，孩子们变得越来越大声，老师也变得越来越大声，很快让隔着五个门的同事听到了周期表元素或其他课程的尖叫声。停下来检查你的音量和音调，做一个心理记录。如果你发现自己为了能被听见而大声喊着，深呼吸。找到吸引学生注意力的有效策略来控制你的音量。

计划真正吸引学生的活动。当课程、作业和其他任务对于学生而言是相关的、及时的、不同的、有趣的，学生就会想要知道接着会怎么样。积极的学习（意味着学生的思想和身体积极地参与到学习中）可以使学生着迷并且从走神中回过神来。如果你发现你不断地与学生的关注做斗争，要停下来并检查你的各种计划。

开心一刻

一个经验丰富的教师给了一个她吸引高中生注意力的建议：告诉他们你将解释一个新的、保证有效的治疗青春痘的方法。

你如何管理学生？

老师："迪德，坐下来开始做作业，不要躲在角落里讲话。是谁在用铅笔敲桌子？瑞秋和思捷，请回到你的座位上。迪德，几分钟前我就让你开始做作业了。不，现在没有水喝了。乔恩，打开你的书翻到49页，你不能不看地图就去做这个作业。我们只有一个休息室休息。迪德，我说了几次让你开始做作业？"

不要想当然地认为学生的独立练习时间意味着老师的喝咖啡休息时间。如果一个老师坐在她的书桌旁（有或没有咖啡不重要），而学生单独完成作业或小组作业，即很可能看起来像上述场景中的"休息"。

一个有效率的老师将在学生之间来回走动，处理任何问题或困惑。老师通过在整个教室中走动可以：

- 解答任何学生的困惑。
- 确保所有的学生都在做作业。
- 在必要时改正学生的行为。

- 注意任何学生在理解上的困难。
- 鼓励即使是最不情愿的学习者。

所有这一切都要用一种尊重个人隐私的方式来进行，不要把小问题转成大问题。

在任何年龄，独立练习或小组作业让他们自己负责，当他们自己做作业时，他们需要一些安慰。他们需要从一个在旁边的教师那儿得到安全感和保证。当他们知道你在身边可以回答问题、解决困难、防止别的学生的打扰、保持团队工作不偏离轨道、帮助他们继续完成任务，他们就会表现得更好。

你的巡视、参与和存在也给学生传递了你参与了他们的学习并且希望他们成功的信息。老师在这些不经意的瞬间可以进行大量的个人指导，不要错过任何这样的机会。

> **新老师贴士**
> 不要让任何违反规则的行为发生。立马给予反应，客观陈述发生的情况，审查结果，然后评述结果。每次你让某个东西略过，你的课堂就会略过，你的管理就会略过，你会后悔。勇敢一些，这并不意味着强制执行规则。学生们期待一个成熟的你。

你的教室是怎么安排的？

作为校长，我可以看到每一个教室是怎么安排的：圆桌型、弧型、豆荚型、学习小组、学习中心或是随心所欲地坐在任何你想要坐的地方。课堂安排是一个老师的个人品味、经验和舒适度的体现，每个老师都必须决定什么样的安排是对他最有效和最有助于学习的。

然而，我们许多的教师培训班都没有教过：你的课堂安排在课堂管理中起着作用。许多事件、中断、烦恼、争论或危机造成的直接麻烦，是教室课桌安排不合理的后果。问一问你自己以下的问题，看看你的课桌安排是否可以避免一些长期的管理问题。

学生的课桌有足够的空间吗？如果可能的话，学生坐下时不能随意地碰到别的课桌。这将阻止不必要的接触、互相打闹、碰到别人的财物等等。

你的课堂是一个充满障碍的课堂吗？你和学生需要空间在课堂上做一些很容易的动作。课桌空间狭窄或杂乱，容易让学生互相打扰；避免一些"不经意"的触摸、打闹或让对方跌倒、让物品移动。有时学生在一堂课中需要变动位置，你也需要四处走动，在教室中找到某个学生，但你不想跨过书包或是从课桌间艰难地挤过去。他们也是这样。教室充满障碍，就会变成一个滋生麻烦的地方。

这房间里有不必要的混乱吗？杂乱会引起视觉混乱、拥挤事故和一种混乱的感觉。从房间里取出所有完全不必要的东西，把不用的物品放在柜子或壁橱里。学生已经很容易分心了，不要再让房间的装饰品导致他们分心。

有没有学生坐在教师察觉不到的角落？老师要随时都能看到所有的学生。隐藏的角落容易鼓励隐藏的活动（我丈夫离开学校20年了，在隐藏的角落里还会玩日常的扑克游戏）。

所有的学生都可以一直看着我吗？学生需要清晰地看到教室的所有功能区，不需要转弯或折返。有效率的教师并不限定于房间前面的黑板。确保所有的学生都可以看到所有的课程要素，使学生能够充分地参与活动的课堂安排。

材料容易拿到吗？学生需要能够容易地拿到常用的学习材料，如纸、铅笔、计算器、数学工具、计算机、参考资料和书籍。如果这些材料对于学生来说很难拿到，他们的学习会被打乱。

见第四章工具节提供的座位安排、课桌安排、使用风水的原则的示例。

你的课堂规则的有效性如何？

什么是最好的课堂规则？我们该怎么制订？什么时候？谁来安排？我们需要多少？执行的最佳方法是什么？在这些问题上有很多的建议和无休止的意见。这些问题没有一个正确的答案，关键是你要考虑周全地制订最终规则，确保其对你的课堂有意义、有效，并始终如一地保持。这里有十个被最多创建和使用的、可操作的规则，是十分有效的。

1.保持简单。太多规则会压倒学生，规则列表会失去其有效性。选择他们可以记住的规则列表。在大多数情况下，五个或更少的规则就够了。（从这个涵盖了大多数情况的问题开始考虑：你的行为会伤害到他人、他人的感受或他人的所有物吗？）

2.合作。与学生合作，确定课堂规则。当他们参与了制订规则，学生会对这些规则有所认知并更容易遵守它们。通常学生会提出与教师精心考虑的规则相同的规则，学生的规则往往更为严厉，所以你可能得倾向于选择他们的。

3.明确表述。规则应该是容易理解和简单陈述的。规则涉及的行动应该是可理解的。如果你有一条规则，如"用尊重来对待别人"，要让学生明白这意味着什么。如果你的规则是"尊重个人空间"，就要明确表述"个人空间"是什么。

4.让它们是积极的。 用"做什么"而不是"不要做"来制订规则。 用一个易于理解的格式展示积极的规则。 例如,"保持安静"代替"不说话";"慢慢走",而不是"不跑";"举手发言",而不是"不要打断别人"。

5.设定现实的期望。 设置学生可以真正遵守的规则。 确保规则适合学生的年龄。 规则和限制应该给孩子的创造性想法和不同的情况留有空间。

6.明确表述后果。 如果违反规则,学生必须知道确切的后果。 使用积极措施作为第一步(即非语言信号、语言重定向、接近控制)。

7.张贴规则。 把规则写出来并放在一个显眼的地方,学生在这一年中都可以看到。 把相应的结果也写出来。 一些教师还使用"规则合同",提供学生和老师的书面协议。 规则合同样本,见本章结束的工具节。

8.解释和实践该规则。 一旦规则被设置,用你的话和行动体现它们。 让学生扮演规则中所列出的行为。 周期性地回顾规则(我推荐在开始两周的每一天和之后的每一周用五分钟来回顾)。 帮助年幼的孩子理解为什么有些事情不能做,把这种行为的例子讲出来,或是用假想的情景和木偶戏来教授这些规则。

9.监督和执行规则。 训练所有的成员,注意遵循规则。 不要让规则的重要性随着时间的流逝而失效。 当规则被打破时,要迅速做出反应。

10.纳入学校或地区规则。 许多学校和地区都有适用于所有学生的规定。 确保学生了解这些规则,这会使学生对他们自己负责。

> **开心一刻**
> 我们一大群十年级的学生聚在一起商量要离开学校,但是随后我们意识到没有人留下来折磨我们的地理老师了。

你如何坚守规则?

你是在"为了练习走路而走路"还是"只是闲聊"? 监控你自己的行为是否遵守了规则。 确定你为规则中所描述的行为(就像对每个人都尊重或使用适当的语言)做出了榜样。 避免给任何学生贴标签或在名字、称号方面出现辱骂或诋毁的情况。 要注意对于成人来说可能有趣的词或表达,不要带入课堂。 也要注意你是怎么描述事情的。 避免贬低、讽刺,考虑一个孩子听到他的老师这样说的时候的感觉:

你需要再一次使用洗手间吗?

莫莉，我已经回答了这个问题，班里其他人都听到了！

看来你爸爸昨晚帮你做作业了。

你定下了课堂的基调，学生们会追随你的引导。

教师小贴士

不要设置一个你只能强制执行的课堂规则。

——一个经验丰富的中学教师

你期待什么？

这是一个有关期望的有趣的事情。本章强调了现实的期望的重要性。当工作变得比他们预期的更具挑战或令人沮丧时（名不副实或没有回报），教师会被打败。学生对不符合其发展水平的期望感到失望。但是，期望有力量。如果一个期望是现实的，即使表面上不可能或者可能性不大，都可以激发一个老师或一个学生，以实现他们不敢想象的事情。

20世纪的社会学家罗伯特·默顿提出了自我实现理论。自我实现理论是一个预言或信念：虽然不是真的，但也会梦想成真。这是它的理论原理：

1.一个人对于将来会发生什么事情有虚假的信念；

2.这种信念会唤起人们正常情况下不会做的行为；

3.原来的虚假（或看似不可能的）、假设变成真实。

默顿引用了20世纪30年代一个可靠的财政机构——最高国家银行的例子。有人散发了一个谣言，说银行在金融崩溃的边缘，这一谣言让客户收回了他们的钱，最终导致了银行的失败。

1968年，罗森塔尔和雅各布森将这一理论应用于课堂，在其发表的一份报告中提出了课堂中的皮格马利翁效应：教师期望与学生知识的发展成正比。他们描述了一个在小学进行的实验，他们推测老师的期望与学生的成功之间有直接联系。

他们对所有的学生进行智力测验，与测试成绩无关的20%的学生被随机挑选出来。老师们被告知，这些学生具有最高的智力潜力，并预期在学年考试中会取得成功。8个月后他们重新查看这些学生的情况，这些标记为潜力最大的学生的考试成绩有了显著的提高，而其余80%的学生并没有。教师希望选定的学生茁壮成长，这使他们更注意这些学生及其学习活动。而这些学生也确实茁壮成长了。

此外，研究中的教师被要求按对知识的好奇心、个人的适应力、社会的适应力以及社会认同的需要来排列学生。老师们同样认为，排在前 20% 的人感觉更快乐、有更好的适应力和更理智的好奇心。

这个理论被罗森塔尔和雅各布森再次试验和验证。我们可以从身边的教育中看到许多这样的例子，好老师甚至不需要看这个研究都知道这是真的。它在家庭和课堂、学校或学区的项目中不断被证实。

激情重回

当老师期望学生取得成功时，最令人惊奇的事情发生了：老师巧妙地公开表达对学生的信任。当有人相信你时，你会更容易相信自己，自我价值感的提高也会转化为学生们大步迈进的动力。所以，给学生一个有利于学习的管理良好、身心安全的课堂。这两者的结合将会充满力量。当你在一个有序的、学生舒服地坐在自己希望的位子上的教室里，你会发现自己喜欢每一天。你可以摘下"警察"的帽子和徽章，扔掉手铐，你会远离教师职业倦怠，并走向和重获你的职业快乐。

我的建议

每天花几分钟去把想法记录下来，写日志是一个很好的让你消除压力的方式。

每次想去买快餐时，把钱放在一个罐子里，存下的钱会迅速增加！用你的钱去做背部按摩、足部按摩或者美甲。你（和你的身体）将会感谢你的这些行为。

买一只大珠子的手镯（或做一个你自己的珠串手链）。当你想用激烈的言语与别人说话时，你就转动手链上的珠子。一整天都说积极的话对于你和他人来说都是一个胜利。你每说一个积极的词，你（或其他人）就会被激励一次。一天结束时，你将惊讶于你拥有的能量。

工具

98：抓住他们的注意力
99：课堂规则
100：课堂规则合同（初级）
100：课堂规则合同（高级）
101：成功的座位排法
102：课堂的风水技巧

抓住他们的注意力

用这些技巧来制订与你的学生年龄和个人风格相匹配的指令表。

简单的、能够抓住他们的眼和耳的事情：

按响一个电铃

摇动一个沙球

播放音乐

戴面具

唱或哼一首歌

打手鼓

做一个侧身翻

设置一个闹钟

吹口哨

跳舞

其他的手段

给我五个手指的手势——当学生看见你举起五个手指时，他们就会这样做：看着说话者、不说话、注意听、手和脚不动、显示高度服从五个手指的姿态。

洗牌——拿一副牌，把每个学生的名字写在一张牌上，当你需要去叫某个人时，洗牌然后抽出一张，每次叫同学前重新洗牌。学生们会集中注意力，因为他们的卡片可能会在任何时间被抽中并且不止一次。

平静的音乐盒——把音乐盒的发条上紧，让学生知道当音乐停止时，就得安静做好准备了。

教师的手举起——你举起你的手，当学生注意到时，他们也举起手，直到所有的手都举起。举手意味着"停止说话注意听讲"。

安静的倒计时——倒计时从5数到0，可以用你的手指也可以用其他你能够举起的工具（如尺子）。当你数到0时，学生就该安静了。把这些混合起来，让你使用的方法让学生吃惊。可以把你的手指彩绘或者戴一只可爱的手套或者使用麦秸或者意大利腊肠来装饰。

用手将球向空中任何方向抛起——问一个问题或者给一个方向。当你说一个名字时抛一个球。该学生应该抓住球并回答。学生并不知道，什么时候球会抛出，因此他们所有人都只能全神贯注。

课堂规则

教师的自检表	明确	有些明确	不那么明确
有一个合适数量的规则表——容易记住（4到5条用得最多）			
基于现实的期望的规则			
规则是正面的（不是一系列"不"的组合）			
规则是用清晰、可观察的术语表示			
学生参与了规则的制订			
规则贴在教室中醒目的地方，一眼就可看到			
规则被讲授过，并使用词汇解释过，也进行了角色扮演			
所有的学生签了规则合同，副本保留在教室中并送给了家长			
学生和我都互相监督并为遵守班级规则的人"点赞"			
不遵守规则的后果跟规则张贴在一起			
我帮助学生们记住规则并指导他们的行为，这样他们可以成功地遵守规则			
当规则不被遵守时，我一直执行违背规则的后果			

注：把这个放在学年开始后不久，进行必要的修改，这样一周或两周内你可以如实地将所有的选项填在"明确"的专栏。

课堂规则合同(初级)

1. 保持教室清洁
2. 我想要发言时举手
3. 别人在讲话时,看着他并认真听讲
4. 善意对待每个人
5. 不要用手去碰别人或者别人的东西

我同意遵守这些规则

是的　　　　　　　　　　不是

你的签名：　　　　　　　教师的签名：

我知道我被期待：

- 对学生、老师(包括辅助教师)、学校的财产及每一个人的财产保持尊重。
- 对我所有的行为负责。
- 当上课铃响时我必须在教室内。
- 要对别人和我自己的安全负责。
- 不以任何手段作弊。

教室规则合同(高级)

我知道不遵守以下规则的后果是：

警告

失去休息或其他权利

从小组中出列

放学后留校

在学校关禁闭

这些规则和后果老师已经给我解释过了,我们讨论了班上的案例,我知道了这些并同意遵守它们。

学生：　　　　　　　　老师：

成功的座位排法

教室中的座位排法并没有一个完美的方案，最好的方案是能够适应你的学习活动的。当安排座位时，先考虑你的学生，成功的座位排列可以是灵活的。考虑以下这些模式或者按照这些办法安排不同的座位。

注释：如果可能，所有学生面对面坐，确保他们能看清黑板屏幕上所有内容。

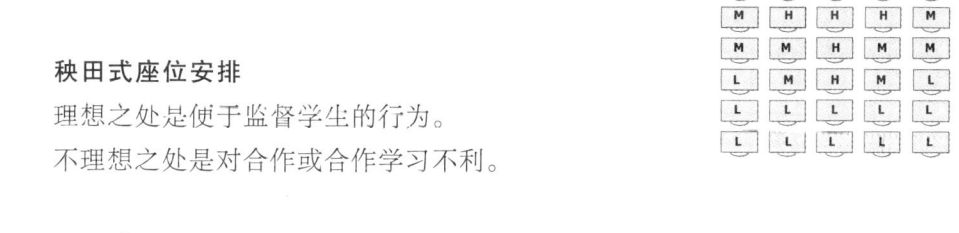

秧田式座位安排

理想之处是便于监督学生的行为。
不理想之处是对合作或合作学习不利。

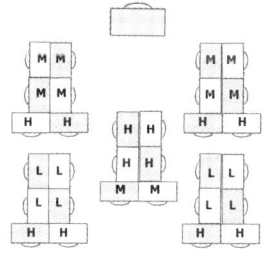

集群座位安排

理想之处是便于合作及合作学习。
不理想之处是考试不利。

半圆座位安排

理想之处是便于辩论和讨论。
不理想之处是让学生一对一时的碰面不方便。
注释：这种座位排法对于大型课堂不理想。

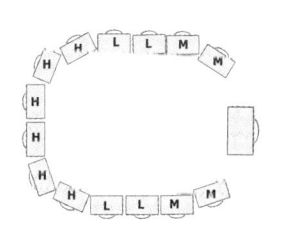

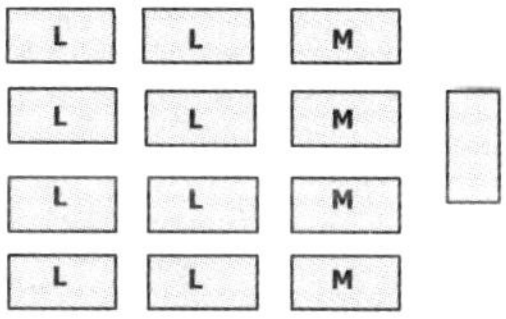

表格式座位安排

理想之处是有利于双人合作。
不理想之处是不利于考试或检测学生。

双人座位安排

理想之处是便于检测学生和一对一/二反馈。

不理想之处是不利于考试或者当学生与搭档关系不好时容易出现问题。

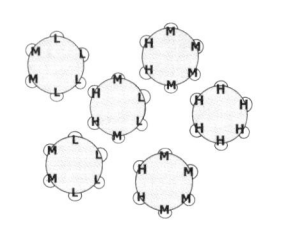

学习中心座位安排

理想之处是有利于合作学习和分化指令。

不理想之处是不利于考试或当学生因为教学活动不能够移动时会出现问题。

注释：不要忘了与监护人谈谈，这样他在你的座位安排之后能够理解你的理由。没有比今天安排好了座位，第二天早上又重新安排这种事更让人沮丧的了。

（互动水平引于库斯科议员和维塔议员）

H——频繁的互动

M——适中的互动

L——较低的互动

课堂风水技巧

风水是用来设计生命和能量的流向的艺术，有些风水的准则能够让教室更舒适并且能够增强学生的注意力、好的行为和成就。

将教师的桌子正面面对门，而桌子的背面靠着墙（但不要认为你总得坐在椅子上），提供某些轻音乐或别的音乐如金属风铃，让到教室的路是通畅的，而且显得你是受欢迎的。清除杂物，将物品放在门后或窗帘后。清除掉你和学生的课桌上多余的"东西"，避免过多的装饰。只留下你真正需要的。

用蓝色或绿色的灯光让学生平静，想让学生增加能量的区域用黄色和橙色。

将椅子集中放置或放成半圆，确保当中有很多的空间。

把自然带进来。桌子可以面向窗户，或你可以在教室的墙上挂上大自然的画。

用一个悬垂织物来软化锋利的边缘。将曲线添加到线条中，在某个位置放置一个架子，或者将一个屏幕对角放置到一个地方。

使用自然灯，避免使用荧光灯。

加上些水！水的声音是柔滑的，风景也是如此。试试桌面瀑布或小鱼缸。

第五章　他们请求我说"是的"

现在,我不能呼吸了!我有一个三天内要交的大学课程的研究论文,我一个星期要上两晚的课(想象一下,事实上,我认为这将是可行的),周四下午我考虑参加国际象棋俱乐部,但是帕克太太让我帮忙,她的年终总结到最后的期限了,而两年前我是年终总结的检查员。我不喜欢说不,因为她帮了我一些忙。现在我需要早点到学校参加修改会。然后在今天的教师会议上,我提到了学校前面的一块地看起来很简陋,但可能是开辟一个学生花园的好地方。猜一猜,我现在是学校美化委员会的头儿,我满是压力,我没有时间去批改试卷,更不用说家庭生活。这项工作正让我耗尽精力,我想回到以前当银行出纳员的工作中。

——凯瑟琳·伯格,中学教师

> 当你成为"如何利用你的手机在考试中作弊"俱乐部的顾问时,你就是一个处于压力中的教师。

如果你想让教师快速奔跑到他们办公桌背后的一些黑暗的地方，只需要在他们面前说如下的东西：

学生报纸顾问

国际象棋俱乐部

美国未来教师

未来的美国专业人士

艺术俱乐部

马拉松运动员队伍

法国俱乐部

校内足球

4-H 俱乐部

爵士乐队

IT 俱乐部

节日合唱团

学生筹款委员会

啦啦队

着装规范检查队伍

奥普拉崇拜者

反对穿衬衣的学生

购物中心马拉松队

抵制餐厅委员会

美国汉堡鉴赏家

手机摄影俱乐部

好吧，也许有点带着俱乐部的头衔，但对于某些老师来说，学生俱乐部赞助（或咨询）的要求会比课程计划、教师评价甚至高难度的考试带来更多的压力。

失去热爱

这只是一个学校的真实生活：有几十个需要帮助的课外活动小组和需要监督的组织。总得有人去做！让我们面对它——把你带入教师这个职业的技能和教育职责以及众多教学外的职责。所有这些"机会"都是值得实现的目标，并有可能在正确的条件下满足你。但是教师存在的价值被过分地夸大了。对于老师而言，当你超出你的极限，或在不同的方向上苦干时，倦怠是一个自然的结果。

一个不能平衡、明智地选择责任的教师，很快就会有麻烦。教学是唯一的要求。如果你不能对不适合你的额外的工作说不，你一定会在你的主要工作中失去所有的乐趣。

让我悲伤的额外职责

第一次年度教师会议结束后，校长转向你，看似随意地说："你不会介意运行'只用拼写 bee 的四音节'项目，是吗？"你的脑袋里尖叫着："No！ No！"可是你转向他微笑着说："当然，我很乐意帮忙。"

你的同事们松了一口气。这一次是你，不是他们。

额外职责的分配和执行已成为学校管理者和教师的一个痛点。学校要提供（家长也期望）各种各样的课外活动，以完成学生的学业，并且向被监督的学生提供可以尝试新的经验或寻找他们兴趣的机会。这些活动在许多方面有利于学生和家庭：

- 增加交际互动。
- 为学生提供与不同的人进行谈判的机会。
- 用安全的、积极的课外活动替代一个人待在家里。
- 在以前学过的技能中学习新技能和进步的机会。
- 增加体力或智力活动的方法。

对老师也有好处，包括：

- 与学生建立关系的机会。
- 把他们的能力拓展到新的领域。
- 寻找和发展个人兴趣。
- 用一些新的方式观察学生的成长。
- 在某些情况下，有额外的经济补偿。

然而，在大多数的学校，对于教师监督者的需求比教师志愿者的需求大得多。许多老师讨厌承受他们可能既不能胜任也得不到补偿的额外职责所带来的压力。通常这个问题会变得很行政化。会有许多的合同谈判，甚至教师罢工，包括有关额外的时间或补偿的纠纷。老师抗议的"额外工作"包括这样的活动：教室开放、课程之夜以及社会功能，以及此外的许多的指导、监督或咨询职责。

这样的回应也并不奇怪。老师被"额外的"责任所击垮。听一听一个管理者和一个一年级老师关于这个主题的访谈：

米迦勒：每天早晨，我和另一个新老师，必须照看所有在体育场上的中学生，这是一个疯狂的场景。我很害怕坏的事情会发生,我已经和校长谈过了,但他只是耸耸肩,并说了很多将要处理它的话。自上次我跟你说这一点之后,我已经把女孩和男孩分开了。他们不喜欢这样,但这样似乎更好。今年我希望能够有别人取代我。让我最生气的是还有另一位新教师,她没有被分配到任何职责,我不知道她是怎么做到的,我想她跟校长一定有什么关系。

> **教师小贴士**
>
> 我曾经讨厌体育场职责,现在我把我的跑步鞋带来,并在体育场步行。有些孩子跟着我走,我能在我指定的区域看到所有的孩子,同时还能运动。
>
> ——维姬,俄克拉荷马州

科尔博士:分配给你什么类型的任务呢?

科尔博士:你觉得你别无选择,只能对这些责任说"是",对吗?

米迦勒:我知道我别无选择。

> **新教师小贴士**
>
> 老师们被期望承担额外的责任。即使你是新教师,不要被威胁对一个你认为不适合你的职责说是。要坚定,说出来,要求承担更适合你的职责。进行讨论。必要的时候学会说不。

校长对我说这是我的责任,所以我在这件事上没有选择。当时如果我有足够的说服力我一定会说服他。但他表现得好像要降低对我的评价。我是一个才工作一年的新老师,我知道他明年不必更新我的合同。我们还得轮流承担午餐职责,我不介意,因为团队里的所有老师都必须轮换。谢天谢地,我们都没有课后义务。孩子们预计在公共汽车上会很老实,助理校长通常站在外面看。

科尔博士:课外的责任呢?

米迦勒:老师们因为额外的职责加了额外的工资。足球教练和他的助手因为放学后的训练增加了额外的 5000 美元工资。我还没有被要求做任何课外的职责。我的一个朋友,他一直在另一所学校教课,被告知,他必须成为女子足球队的主教练。他被支付了额外的钱,我不知道有多少,但他还是不想做。他的校长相当执着,所以他觉得自己也没有选择。

米迦勒处于困境之中。有一些任务是明确分配给你的,但是如果管理者不想讨论,你并没有说不的机会。或许,说不的结果也不是你的选择。然而,在许多其他情况下，这项工作是以请求的方式来进行的，尽管这样做可能是不舒服的，所以，你可以不管它。你需要一些时间去学习对不在你控制范围内的事情说不。

很难说不

任务分配和志愿督导任务不是唯一的额外任务。同事、亲戚朋友和其他熟人"邀请"你帮助他们几小时、一天、一个星期或更长的时间，有募捐、会议、婴儿沐浴、社区活动、足球教练的工作和……这个列表很长，不管我们的压力是多么大，我们中的一些人拒绝说不。

> **开心一刻**
> 接受吧，这几天，你是鸽子，而某些天你又是雕像。
> ——德伯特

为什么我们不能说不？

有一些我们说"是"的很好的理由，即使我们心里想的是不。
这里有几个：

• 我们希望被喜欢，如果我们拒绝别人帮助的请求，我们害怕有人会认为我们是高傲的。

• 我们不想拒绝任何人，或显得粗鲁无礼。我们的灵魂是善良的，我们不想伤害任何人的感情。

• 我们想要帮助别人。大部分的时候他们是真的需要帮助，对于某些事情是值得的。我们不喜欢拒绝别人，特别是当任务是帮助孩子时。

• 我们不想破坏我们的工作。来自同事特别是管理者的压力，增加了我们的担心。我们希望被视为专业人士，提高分量。我们不想失去上司的信任或认可，这是当然的！（当然，我们不想失去我们的工作！）

• 我们不喜欢冲突或争执。有人可能会认为"不"是一种异议，我们很多人尽可能地取悦他人，远离对抗。

新教师特别容易得到额外的职责负担，因为这些额外的职责有时包括作为合同的更新条件。更有经验的工作人员会把它去掉，或已经学会如何说不。所以管理者对于填补监管的空白是绝望的。有时候愿意承担额外职责的人，比其他人有更好的机会获得这项工作，成为准教师。然而，新教师更容易受到额外职责带来的

压力,这里有一些原因:

- 新教师经常会说"是"。他充满热情和活力,或者他想给人留下好印象,但为长时间的工作保持高水平的能量,是一种早期职业倦怠的象征。
- 一旦开始额外的工作,一位新教师没有机会在同事之间建立一个强有力的支持系统。这位老师可能会因为监管一个俱乐部或活动而感到"在集体之外"或被孤立。这种孤独会为压力铺路。
- 新教师没有时间发展良好的时间管理技能,他们需要兼顾多个责任。

文书工作、学生的挑战、与家长的沟通以及学校的最后期限都是压倒性的,并且会产生各自的压力,甚至都不需要加上消耗时间的额外职责。

虽然新教师很容易受到压力,承担更多的职责,但是没有教师可以置身事外。 除非你经过数年已经有了一个不怕任何压力的外壳,或者可以粗俗地叫骂。 但很少有这样的情况发生。 所以,可以说不的老师只是少数。

> **教师小贴士**
>
> 　　这些年,我学会了向校长让我当志愿者的请求说"不"。我知道这些额外的工作会很有压力,因为我有自己的孩子。当你的时间允许时,对课外活动说"是"。现在我的孩子们长大了,我更经常地说"可以"了。我和学生在这些活动中享受到了乐趣。
>
> ——乔伊斯,科罗拉多州

检查你的坚定程度

快速回答这四个问题,得到一些关于你的坚定(或不坚定)程度的结论。 这只是为了自我反省,不存在正确或错误的区分。

1.你整个周末都在一个新的交互式的电子公告板上工作,你很兴奋;这将使学生对于即将到来的计量单位的学习感到兴奋。隔壁的老师知道你投入了多少精力和金钱,然后她说了句"这是多余的",你怎么做出反应?

A.什么也不说,转身离开,你的感情受到严重伤害。

B.温和地对你的同事说你对她的话的感受,也许她今天过得糟糕,不知道如何对待别人。

C.听到她的学生标准化测试不好,你使用恶意的评论,或者你注意到了她的教室的沉闷的外观。

2.在你的评价里,这一天所有的事情都不对。上课后不久,史葛生病了,而其

第五章 他们请求我说"是的"

他的学生恶作剧地尖叫,你找另一位老师带他去护士办公室。你打电话给监护人让他处理,并尝试继续上课。正当学生的注意力回到学习上时,一个声音通过对讲机传来让卡伯特(你的学生)带着布置的作业去办公室,准备回家。然后火灾报警响起了!当你回到教室,就在你的学生找回一些热情时,教师评估成员走近了。你只知道你会得到一个不合格的评价,你如何反应?

A.你解释说,当天的情况在你的控制之外,看看评估老师可不可以改天再来。

B.你等待着看到评估报告,然后面对着评估者,你指出其他老师真正的课堂管理也很差。

C.试着博同情,给予一个略带抱怨、泪流满面的借口。

3.上个月,阅读老师借了一本你最喜欢的教学策略书,等到归还时,许多页被一个巨大的咖啡色污点染毁了,你如何做出反应?

A.你什么也不说,不想让同事生气。

B.你大声地指责她怎么损坏了书,让她答应换本新的给你。

C.你对毁了的书页说些笑话,给她一个明确的信息,你不会再借给她什么。

D.你告诉她,你很失望,这是一本你最喜欢的书,却被损坏了,让你对这件事感到很愤怒。

4.你的同事都很钦佩(或至少是注意到)你的

A.悠闲的态度

B.幽默感

C.容忍度

D.戏剧感

总结你的答案,他们告诉你关于你的什么? 你愿意为自己站在什么角度上? 你让其他人超过你吗? 在一个糟糕的一天中,你是更像瑟瑟发抖的伊迪丝,还是更像咆哮的格拉斯? 在这种情况下,你会倾向于防守、被动攻击、平静还是恶意?

下面的例子演示了几种不同的教师不想说"是"的情景。

校长让阮女士去审查一个叫"为成功而读书"的项目,但她已经是摄影俱乐部的成员,还是新教师代表了。

不坚定的反应。 阮女士谦恭地回答:"我想我可以再多承担一份职责。"校长一离开教室,阮女士立刻跑到隔壁教室并向同事抱怨。 当一个为校长写生日祝福的卡片传到阮女士这儿时,阮女士"不小心"把它掉在一堆垃圾里了,然后

109

就忘了写了。

一个不坚定的反应很少是一个诚实的反应。真正的意见被搁置一旁,回答倾向于被动接受。不自信的反应往往增加了老师的压力,让她有包括寂寞、无助、自我意识差、抑郁的感觉。老师的随和似乎是在说"是",她被压抑的愤怒就会泄漏在挖苦、诽谤和看似无关的论点上。

> **正能量贴士**
> 做你自己,说出你的感受,因为那些在乎的人并不重要,而重要的人并不在乎。
> ——瑟斯博士

攻击性的反应:阮女士站起来。她身体僵硬,她红了脸,她想敲桌子,但控制住了。她握紧了拳头,提高了声音,她说她不会再为学校做任何一件事。说薪水太低,仍在不断地被要求执行额外的职责,并且其他老师并未被同样要求。其他工作人员和学生在走廊里停下,摇摇头,他们任凭她的横冲直撞。

虽然一个攻击性的反应(甚至是被动攻击)可以让其他人明确地知道某人的感觉,但它经常会留下内疚和沮丧,处于攻击性反应接收端的人可能会有愤怒、伤害感情或耻辱的感觉。攻击性的反应可能骗到老师,让她认为自己控制了局势,但真相是她的观点由于她情绪的爆发而并没有清楚地阐明。事实上,这样的结果很可能对她不利,在许多情况下,尊重在侵略态度的情况下被证明是不存在的。

适度坚定的反应:阮女士静静地听校长讲完,当他讲完后,她告诉他自己已经承担了其他工作,以及履行这些职责所花的时间。她解释说由于在新的班级增加了词汇的学习,她的工作量已经增加了。她说一个新的承诺会削弱她在其他方面的表现。阮女士最后说,她乐意在接下来的一年中考虑这样做。

一个坚定的回应是一种真诚的情感表达。坚定并不是敌意、威胁或命令。这是一种表达需求而不是体现对对方的不敬的方式。它通常反映着积极的自尊感和信心。这一策略使保持良好的沟通成为可能。

你的坚定程度会影响你对承担超越你的课堂任务的"请求"的反应。当你准备好练习说"不"时,这将有助于你找到你回应的确切方式。想想你的坚定程度是不是有帮助的和有效的。如果不是,想想你如何改变它。进一步,检查你当前的能力,看可不可以说不,使用本章结尾部分的工具节中的技巧和在小贴士中的提示工具。

学会说不并且坚持

这意味着你真的可以学习这样去做。当你这样做时，你会选择适合你的时间、兴趣和才能的工作。然后你的压力就会小一些。不要想当然地认为，这里的建议就是让你永远不说"是"。如果你想保住你的工作，你必须得说"是"。记住，有很多好的理由去做有价值和必要的活动。当时间、工作量、原因是合理的，你会说"是的，我愿意做！"

放下内疚和恐惧

在本章的前几节，我提到了一些你可能在需要说不的时候不敢说的原因。内疚和恐惧是最严重的。摆脱这些，是的，我知道这并不容易，但请把这些事牢记在心并且去尝试。

- 当你说"是"但其实内心意思相反时，意味着对于你承担的任务，你并不是真的想做。然后，你可能怨恨让你花很多时间的这份工作，这会挤占自己完成其他承诺的时间。要照顾好自己，要把你的主要工作做好，还得跟你的家人在一起，这是必须的。
- 你有权利保护你自己和你的时间，你不必为你的选择辩解，你有照顾自己和家人的权利。没有必要为这感到不好意思！
- 如果你说"不"，这并不意味着你是令人讨厌的、粗鲁的或胡思乱想的。它只是意味着你现在不能做这件事，为自己说话并不意味着你就不礼貌。
- 说一次"不"并不意味着你永远说不，你会对一些事情说"是的"，你甚至在将来对这件事说"是的"。你还会有许多提供帮助的机会。
- 你可能害怕被看成自私或无趣，或伤害了别人的感情。一些人可能选择以这种方式来看待。拿其他的机会来证明这些人错怪了你。
- 你害怕不被喜欢？问你自己这个问题："如果我接受另一个工作却做得很差，这将如何影响我的魅力？"
- 如果你有充分的理由担心你的工作或职业晋升，或许你必须得说"是的"。即使在这种情况下，你也可以试着讨论选择或者就此事谈判。

在被要求前计划好

你知道你会被要求帮助登记美国未来的借记卡用户。事实上，你听到校长毅然走向走廊，环顾教室，你意识到没有地方可以隐藏，你拼命地在大脑中搜

111

寻，寻找一种说"不"的方法。

你的思想寻找着借口，但又会飞快地反驳你说：

这个位置太难了。（当然，你找一个人告诉你，教学是容易的。）

成为一个俱乐部的赞助商并不在我的工作计划中。（面对它，一切都在你的工作计划中。）

但我不知道这个组织的任何事情！（加入俱乐部。）

开心一刻

三年级老师库克·安娜被要求开展"拼写蜜蜂"游戏，她勉强同意了。库克夫人召集了想参加的学生们。她打开官方的拼写蜜蜂游戏的名单，她要求一个学生志愿拼写第一个单词，片刻的宁静后，一个学生犹豫着站起来，要求"买"一个元音。

你绝对可以得到一个关于说"不"的问题的处理方式，如果你在请求到来之前考虑一下。不要弄得措手不及，得有一些计划。以下是一些会有帮助的想法。

1.你在被要求做某事之前，想想你已经做了什么、将要做什么，也许甚至是你最喜欢做的事情的志愿者（在你被要求做之前）。

2.如果你知道有一个请求，请提前思考以下问题。

• 这项活动需要多少时间？你得考虑你有时间吗，一定要包括所有已做的承诺。

• 可能会得到什么个人利益？你能从中得到什么呢？能学到新东西吗？对于一个现有的兴趣会有帮助吗？会满足一种激情？会为你增加附加值吗？

• 会涉及什么个人风险吗？你会和学生单独待在学校前面还是后面的一个空建筑里？如果出现紧急情况，有没有好的预案？这是州政府保险政策能够涵盖的活动吗？你准备好应对这些风险了吗？

• 这项活动有助学金资助吗？提供的资助能满足你的资金需求吗？这些钱够不够补偿你额外的时间和精力？

3.如果这个请求让你大吃一惊，那就要求一点时间来考虑。然后问自己同样的问题，再做出答复。

4.你想对赞助"美国未来的借记卡用户"说不吗？提前组织好你的想法，确切地知道你将说些什么。

5.列一个你所承担的所有学校项目的清单，准备与校长（或其他要求你的人）分享。他们可能没有意识到他们在要求你去做双倍、三倍、四倍的责任的事情。

6.你是否觉得额外的责任会降低你现有的职责的效率？如果是这样的话，要准备好例子。准备好展示你的奉献精神和决心做好你当前的工作的承诺。

7.练习说不。有一个很好的方法清单可以用来说"不"，练习你实际会说的话。当你得到"惊喜"的要求时，会自动地用这里面的话。这个列表位于本章结束的工具节。

8.当被要求做某事时，先把整个方案听完再做回应。有时候，我知道你会被一个内心的恐慌和头顶上的一句话吓着："没有办法！我不去做！"内部谈话可以破坏外部谈话。也许你只是被问到你的意见，也许这个工作和你设想的不一样。在你回应之前，准确理解你被要求做什么。如果你没有准备好回应的方式，要求一些宽限时间。

要会说话

在大多数情况下，你怎么说"不"是有不同的效果的。提出要求的人也理解过多承诺、倦怠、家庭责任或你的其他理由。他们对自己有同样的关注。

• 对说话的人显示关心。向这个人表示感谢，因为他认为你有完成任务的能力。感谢他们在这个活动中的参与。让他们知道，你明白他们寻找帮助者的任务也有自身的困难。对于一些有助于这样做的方法，可以见本章结束的工具节。

• 当你说"不"时，要明确、坚定、友善。给一个简短的解释或不做说明，不要以很长的借口过多地说明。

• 如果你已经计划好了，就不要再反复思考了。如果你提前计划、练习和考虑了额外的任务，不需要重新思考你的决定。

• 不要成为一个总是说"不"的人。对你可以做或有时间做的事情说"是的"。这会让你更容易地说"不"。

明确地说出来

避免空泛或模糊的答案，如"我想做这件事，但……""我想我可以考虑一下""让我看看我能做什么"。

如果你的意思是不，就说"不"。很多人都会陷入"是的，但不肯定"的陷阱中。

如：

伯格曼女士：我有一个新的项目，想让你带头，学校已投票决定在院子里创建一个野生动物保护区，会有一笔小小的预算，你可以征集一些家长志愿者来帮助。

阿伦佐先生：但是我放学后没有太多的时间。我是助理篮球教练，要做装备准备和淡季演练，并且已经变成一整年的工作。

伯格曼女士：好的。不过这个项目可以在开始上课前的早晨来做。

阿伦佐先生：但做一个野生动物保护区我……我只是做了一点家庭园艺，曾经在马里的农场兼职了几年而已。

伯格曼女士：是的，凭你的经验，会做好的！

阿伦佐先生：我对于野生动物并不知道多少。

伯格曼女士：做一个蜂鸟喂食器和一些植物来吸引蝴蝶，你会做得很好！

阿伦佐先生：我去年背部做了手术……

伯格曼女士：这已经不是一个问题了，从你的篮球教练工作就可以看出来。多么匹配啊！

阿伦佐先生（叹了口气）：从哪儿可以得到铲子……

你看到阿伦佐先生的问题了吗？每次阿伦佐先生回答伯格曼女士，他都是给出借口。他的借口给了伯格曼女士反击的材料，最后她揭穿了他。

简单化。如果你想说"不"，就说"不"。立场坚定，重复一次，如果必要的话。提供解释和详细的证据只会削弱你的观点，让我们再来看看阿伦佐先生，他现在听从了这样的建议。

伯格曼女士：我有一个新的项目，想让你带头，学校已投票决定在院子里创建一个野生动物保护区，会有一笔小小的预算，你可以征集一些家长志愿者来帮助。

阿伦佐先生：我已经做了太多的承诺，我今年不能帮助这个项目。

伯格曼女士：不过可以在学校开始上课前的早晨开始这项工作。

阿伦佐先生：对不起，我帮不了你。它听起来像一个精彩的项目，只是我今年没有时间了。

伯格曼女士：但你的经验让你会做得很完美！

阿伦佐先生：我很欣赏你对我的信任，但我今年不能承诺这个项目了。

伯格曼女士：只是把蜂鸟饲养起来，并且弄一些植物吸引蝴蝶就好了。你会做得很好的。

阿伦佐先生：我今年已经不堪重负了，明年再说吧，我一定会把时间安排在我的日程上。

伯格曼女士（叹了口气）：那只能我自己拿铲子了……

对这些说"是的"!

迦纳的意大利外婆（一个好厨师）要来过周末，她想吃一些好吃的。问题是，迦纳不会做。嗯，实际上，迦纳吃了很多拉面和沙拉了。但她决心要给"妈妈"留下深刻的印象。于是她在网上找关于奶酪粉做法的食谱。她从来没有做过这道菜，所以对于选择哪一个版本并没有头绪。更糟糕的是，她连合适的盘子和平底锅都没有。她从来没有听说过那些香料，她四处跑，购买材料和收集用品，花了很多钱在工具上，把这些东西带到她的厨房。

然后她就站在那里想："现在，该干什么呢？"她可能同时煮烂面条、煮烂香肠、制作马虎的汤汁，并希望最终放在一起食用。如果有人教她如何做该有多好！（她应该等她的外婆教她如何做到这些。）

教师小贴士

作为一个导师，这里有一些事情要做：

与我的学生一起为课堂所需要的东西去购物

建议一些好的组织或归档策略

把开学几周以来所有的表格和信息完善

制作一个指导计划，包括所需要的信息（这样他就不会不断地询问）

答复任何问题来帮助理解指导项目和步骤

——玛丽亚·汉娜，一位经验丰富的导师

这种情景类似于许多教师开始新的教学任务。他们花了很多钱，不知道什么样的"食谱"才是最好的。他们不断重复，寻找更多的信息，耗尽时间，并最终想知道："现在，该怎么做呀？"挫折感上升，热情下沉，压力感增大，他们需要帮手——特别是早期。

现在你告诉我，打算说"是的"了吗？

说"是的"可能听起来很奇怪！你在这一章是学习如何说不的，作者却在这儿告诉你说"是的"。好的，首先，本章不是只有说"不"，也是关于何时说"是的"的。如果你是一个新教师，或如果你是一位有经验的老师，一个指导关系绝对是考虑接受的机会。新教师，任何职位的改变或承担新的职责，都应该得到学习的指导和避免错误的帮助。导师的好处与学生是一样的。指导另一个老师会激励你去检查一些工作、尝试新事物、对你所提供的帮助感觉良好和享受与另一个专业人员的合作伙伴关系。成为导师的教师一般会成为更好的教师。

导师制的影响

许多年前,导师制就已经存在,现在超过一半的州需要导师来指导新教师。许多指导计划希望可以扩展到给任何新老师或承担新职责提供导师。 地方学校、学区和各州政府都承认指导方案的价值。

在 2008 年 9 月,阿拉巴马州州长鲍勃·赖利的谈话中提到了该州的新的指导项目:"这可能是我们在教育中一个更可能更成功的计划。"在 2007 年,该州的所有 2900 名新老师被分配了导师,这里有一些结果的统计:

- 超过 84% 的学员认为他们的导师对于他们第一年的经验来说很重要或非常重要。
- 差不多 83% 的学员表示,他们的导师协助课堂组织和学生管理程序。
- 88% 的学员表示,指导计划提供了情感支持,提高了教师的信心。

> **新教师小贴士**
> 你可以被训练教书,但你不能被准备去教书。如果你在一个为新教师提供指导计划的学校教书,高兴吧!

另外,教师保留率提高。 典型的表现是,阿拉巴马州损失了 30% 至 50% 的教师就业率,全国有 10% 的教师在第一年退出了该行业。 经过一年的导师指导,阿拉巴马州的第一年教师中,只有 2% 的人说不打算干了。

研究人员约拿·罗考夫研究了由纽约市和加州大学圣塔克鲁斯分校新教师中心设计的花费四百万美元的导师指导计划。 该计划是为了满足所有经验不到一年的新教师要有导师辅导的要求。 许多指导计划的目标是,为学生培养更好的老师。 通常,另一个目标是减少新教师流失。 这里是纽约市的一些指导方案的结果:

- 通过纽约市的教师(导师)辅导计划的执行,直到学年结束,97% 的教师继续教学。接下来的一年中,90% 的教师返回,在纽约市的某个学校教书,80% 留在同一所学校教书。
- 在教师学校教过书(做过导师的教师),在接下来的一年中倾向于继续到同一所学校任教,同时,同一所学校中有导师的教师平均减少了 0.6 天的缺席记录。
- 4 至 8 年级的标准化考试成绩作为衡量标准的学生成绩,在控制学生的人口统计后,发现辅导时数对阅读和数学成绩产生了积极的影响。

有效的指导关系

一个有效的导师会做以下事：
- 给学员展示学校的"围绳"——政策、程序、期望、指南、规则、地点、供应的物品等。
- 经常访问学员的课堂，提供鼓励和赞美，以及在需要改善的领域发表有见地的评论。
- 增加学员参与学校活动和教师专业发展的机会。
- 协助学员制订短期和长期的教学计划。
- 分享教学方法、课程资源和课堂策略。
- 提供一双立善于倾听的耳朵和一个积极的支持态度。

还有：

导师致力于指导的过程。导师相信这一过程可做到最佳，并致力于填补新老师的空白。导师们理解这一关系对新教师的帮助。他们使自己有价值并且致力于建立可信任的伙伴关系。

导师接受新教师。学员会犯错误，会不止一次问同样的问题，而且在一天结束时也需要指导。导师致力于让学生感到舒适和安全，而不做个人问题或教学风格的判断。新老师被视为专业人员。最后，导师不让学员成为自己的复制品。

导师演示了有效的教学和管理技能。一个导师计划的目标是为了让学员能够看到好的课堂运行规则。或许导师演示的方法和技术不是最好的，学员应该反思最佳的做法。

导师反映了积极的态度。如果你没有作为教育者应有的希望，那么你就不能给你的学生提供他们希望得到的教育。新教师应该从导师处学到，尽管有许多挑战，教学是真正精彩和有回报的职业。只有当老师相信学生会积极地思考他们的教育，学生才会这样做。只有当辅导老师相信学员会积极地思考他们的教育，学员才会这样做。

每周交流。导师和学员需要经常接触。在走廊里的快速的问答和教师休息室的智慧的对话，并不足够。需要留出时间进行谈话和反思。

当一个好主意弄砸了

在幸福城学校，一个导师计划看起来很成功。各方（管理者、教师、新教师）都理解辅导计划的需要并在积极准备。辅导计划团队成立了，合作伙伴携手共进，欢呼声响彻各地。然而，事情开始走下坡路。两个月来，新教师很沮丧，而且无法得到其问题的答案，而指导老师也是恼火不已，在这个辅导计划上她花了很多时间。

小心地建立导师计划，该计划需要接地气的规则和明确的期望。（例如，学员可以在周末给她的辅导老师发邮件，让她的导师在周一上午之前寻找出答案吗？导师希望在凌晨三点接到许多电话吗？）

> 怎么成为一个中学老师，同时还能有自己的生活？
> 玛丽威尔中学隐藏的规则：
> 你想知道所有的个人规则，但你又不想问。

理想情况下，每一段导师和学员的辅导关系都应该由管理者引导和培养。作为一名校长，我喜欢同我的导师——学员关系伙伴一年有三到四次会议。第一次是在当地的一个社交聚会餐厅，一次以"了解你"为主题的聚会。其他几次的会议，我选择了一个主题或共享一篇简短的专业文章，并让合作伙伴讨论课堂解决方案。

准备的时间必须分配好。我遇见一个学员，他告诉我，他觉得他不断地打扰他的导师，似乎导师给了他简短的或不完整的答案，总是表现得太忙碌，无暇投入任何时间，因此，他收获很少。简单的步骤没有被解释好，所以他觉得"搞乱了"。他便一次次地问问题。

为什么辅导计划这样一个好主意却造成如此可怕的错误？这里有些东西可能是错误的。给你一些建议，以改变下面这些错误。

1.不正确的老师被选为导师。应选择有积极态度和丰富教学经验的人来担任导师。在学校待的时间的长度不应该是决定因素，在教学中筋疲力尽的导师，将成为学生心灵的毒药。他们将展示差劲的技术，将促进只要有捷径就走捷径的思想，事实上，并没有浑身散发着正能量。

不久前，我与两个从得克萨斯州的一个小镇上回来的老师一起吃午饭。其中一个老师是一个新老师，另一个老师凯斯女士是一个有着数年经验的老教师。这次一个半小时的午餐谈话是由凯斯女士主导的讲述与新教师的"战争"的故事。她把学生的恶劣态度、不当的管理、物资与支持的缺乏等等告诉了那些不被信任的家长。我想拿出我的支票本并且以私人名义给凯斯女士一点安慰。

2.辅导教师已经因为额外的职责超负荷了。辅导老师对于学员来说必须是可以随时找到的，这是这个项目的运行方式。如果辅导老师超负荷了，那么他就无法给他的学员所需要的时间，这造成了辅导老师和学员双方都很沮丧的情况。

3.辅导老师突然变成一个评估员。一个好的导师—学员关系是建立在信任的基础上的。学员无须因为在辅导老师面前犯错而感到害怕，他们知道这是一个相对安全的地方，不存在不值得问的问题。当导师为了提供具有建设性的意见而对学员的技能或步骤进行评价时，教师评价也就提上桌面了。如果导师处于一个评判的位置，这个信任关系就会破裂。

4.辅导老师拿了钱。在一些学区，辅导工作伴随着财政补贴。如果一个导师只是为了赚取额外的收入而承担辅导工作，那么结果就会令学员伤心，因为他们无法得到应得的关注。一个成功的辅导计划中，导师理解更高的目的，并且承担支持新教育者的角色。

5.导师什么都知道，但是并不认真传授给学员。一个导师被选中，至少有一部分是因为他的专业性和能力水平。但是这些经验必须以对知识的尊重和热情来传达，这样新教师才能吸收。项目的目标不是制造导师的复制品，而是指导和教授学员，这样他们才能找到自己的职业道路。

不要让你关于辅导计划的好主意掉入这些陷阱里。把这些阻碍好计划的问题清除掉。更多的关于辅导的主意，可以见本章结束时的工具节。

> **正能量小贴士**
>
> 不管她是否意欲如此，一个领导者会用示例来领导。导师也会多次重复示例，直到它深深地刻在你的脑子里。

把它传递下去

"把它传递下去"笔记本是一个空白的、包含着松散的信息页和树叶黏合剂的笔记本，它包含了数页的一个教师或行政管理人员学习或尝试过的信息，或是一个志愿者为与下一年做这项工作的人分享搜集的信息。在你的学校创建这些，让下一年的员工、导师、学员不必再重复已经经历过的发现过程。

无论是否有一位导师，无论你是否知道任何关于你要赞助的棒球俱乐部的信息，从那些已经经历过的人那儿得到不是更好吗？

每一种范畴的笔记本内容将不同（如志愿者计划、俱乐部、教室等）。实际的内容（计划、表格、政策、许可证等）甚至可以在计算机文件中，而不是在纸上。提供磁盘或闪存驱动器上的内容。这里有一些关于内容的想法：

- 一年的日历，标明日期对该活动很重要。一些学校的委员会在开学之前，甚至在上学期的最后几天里就开始计划会议。
- 复制已送出去的通知。制作新东西会花很多的时间。使用去年的复印件，这更容易利用一些已经取得的成果，而不是用一张白纸重新开始。如果钻井队邀请新会员在春季休息后的周一尝试，只需简单地改变日期和使用先前的公告。
- 会员资料：关于有谁参加、成员的任期以及离职率的记录是很有用的。
- 规则、条例、规章制度：一些学校的组织受政府机构的管制，而其他一些则是非正式的。任一记录会员指导、会员资格或会员行为的方式都不需要每年改造。
- 一个工作有效和无效的传闻的统计。让我们回到我们的朋友米迦勒，他分享了他的关于早晨餐厅职责的故事，这在本章的开头。如果米迦勒离开了，但为继任者做了描述男孩和女孩如何分开的纪律问题的笔记，这不是很有帮助的吗？

在你的学校开始使用"把它传递下去"笔记本吧！为每个课外活动、委员会和项目创建一个这样的笔记本，它可以帮助你得到有序的组织并为将来做你现在正在做的事情的人扫平道路。

激情重回

放松！你的新技能可以帮助你说不，当他们推着你说"是的"的时候。对那些使你舒服和能实现个人抱负的事情说"是的"。只需要一点自由（即使你不能控制所有的任务）来击退压力值。这会帮助你成功并且享受你所拥有的承诺。当你开始坚持自己的态度，关心谁是你"后面"的人，你就不必担心你的时间要求。你可以得到一些你进入教育事业中时预期的浪漫。

我的建议

感觉不堪重负？想知道你是在做什么吗？需要一个分流？炸点爆米花，脱掉鞋子，看看这些电影：

《死亡诗社》——一个问题学生发现在英语教授鼓励他们去反对现状之后，他们的生活发生了改变。(1989)

《危险的思想》——一个前海军博士兵发现到达一所剥夺学生权利的贫民区学校不寻常的方式。(1995)

《荷兰先生的作品》——以教学工作来支付他的租金，他梦想谱写一首难忘的音乐。(1995)

《摇滚学校》——一个摇滚明星以一个紧张的私立学校一年级四班的老师为替代的职业。(2003)

《蒙娜丽莎的微笑》——20世纪50年代，一个年轻教授在一个女子大学里任教，学生们会为了找丈夫来上课。(2003)

《姐姐2：回到习惯》——修女们一起努力拯救一个注定失败的天主教学校。(1993)

《自由作家》——一个年轻教师教育生长在暴力中的贫民区的青少年，并给他们为自己发声的机会。(2007)

《带头》——通过舞蹈，一个年轻人发誓要教贫民区青年学会尊重、尊严、自信和团队精神。(2006)

《没有脸的男人》——一个陷入困境的年轻男孩和他毁容的老师的故事。(1993)

《依靠我》——新校长用非正统的方法来改变一所学生陷入滥用毒品、帮派暴力和绝望的学校。(1989)

《文艺复兴时期的人》——一个失败的广告主管得到一份教军队新兵思维技能的工作，但发现教学没有结构的地方。(1994)

《阿基拉和拼字大赛》——从南洛杉矶来的年轻女孩尝试成为全国拼写冠军。(2006)

《心灵的音乐》——一个年轻的老师在学校里打架，因为她想教贫民区的孩子小提琴。(1999)

《皇帝的俱乐部》——一个充满激情和有原则的高中教师，试图使一个困难的学生的生活有所不同。(2002)

《板书丛林》——一个好心肠的老师加入了一个充满了恶棍的教师团队。(1955)

《站立和传递》——一个数学老帅采用一种非常规方法，试图将团伙成员带上数学的路。(1988)

《唯一强大的》——一个前特种部队士兵返回家园，找到他的陷入毒品和暴力的高中。（1993）

《半纳尔逊》——在布鲁克林，一个八年级的教师与学生成为朋友，是因为她理解老师所面对的斗争。（2006）

《苏莎嘉夫人》——一个俄国移民接管了她的充满天赋的年轻的钢琴学生的生活。（1988）

《给先生以爱》——一个工程师接受了一个在伦敦的、他认为将是一个临时的工作。（1967）

《奇迹工人》——通过毅力和爱，老师安妮找到了一个办法，帮助海伦·凯勒——一个又聋又瞎的人。（1962）

《上下楼梯》——在拥挤的教室，打破的窗户，没有粉笔，青少年辍学，自杀的学生，一个新来的老师发现她在一所贫民区学校并试图有所作为。（1967）

《布罗迪小姐》——一个略显古怪的、持自由主义思想的年轻学校老师在两场世界大战中都在坚持教育女学生。（1969）

工具

    122：你真的能够说"不"吗？
    124：我能够说"不"吗？
    125：25种说"不"的方式
    126：导师检查表
    127：鼓励的惊喜

你真的能够说"不"吗？

你也许认为你在控制自己的时间，你认为手头的项目由你掌控。然而你却感到压力和疲劳。你是不是透支了？你认为你能够说"不"吗？

使用下面的这些工具，看看你在学校或者在自己的私人时间里，你说了多少次"是的"和"不"。试着回想一周的事情，看看是否符合你的情况。在一个规定的日子，检查一下，记下每次你是说"是的"还是"不"。然后把这天总的次数统计出来，看下情况。在下面的自我反思问题中，回答一下，如果你想改变什么的话。

在学校

一周中的日子	说"是的"的时候	说"不"的时候
星期一		
星期二		
星期三		
星期四		
星期五		
总共		

在校外

一周中的日子	说"是的"的时候	说"不"的时候
星期一		
星期二		
星期三		
星期四		
星期五		
总共		

我能够说"不"吗?

教师的自我反思

1.在哪一列我有更多的记号?

是＿＿＿＿＿　不＿＿＿＿＿

2.我的职业生活时间和私人生活时间是不是一样的? 如果不是,我怎么解释这不同的结果?

_____

_____

3.什么样的模式出现了?(如,我是不是在感到疲倦和被掏空时的周末说更多的"是的"? 我是不是在周二、周四,在去学校前我呆在跑步机上跑了很长时间的步时更有信心说"不"。)

_____

_____

4.我对这结果惊奇吗? 为什么是或者为什么不是?

_____

_____

5.什么类型的事情我经常说"是的"?

_____

_____

6.我从查看我的反应和从问题一至五的回答中学到了什么?

_____

_____

7.对于要求我的时间和能力的事情的反应,我有没有什么不同?

_____

_____

8.对于另外一个自我的检查,我会重复这样的练习吗?

_____

_____

25种说"不"的方式

开始说一些有礼貌的话,如:

谢谢你的问题,但是……

我感谢你这份工作想着我,但是……

这是件好事,但是……

谢谢你在这件妙事上的努力,但是……

我同意你这样做,但是……

我知道这有多重要,但是……

1. 我需要继续聚焦于我已有的责任上。
2. 我担心如果我做别的,我在这件事上就做不好。
3. 现在不是合适的时间,也许你可以在几周后和我再谈。
4. 我对这类事情没有任何的经验,我也知道我将会不舒服。
5. 我宁愿在一开始就说不,也不让其继续下去,因为结果会很糟。
6. 我知道某人在这方面比我强得多,我建议你去问他。
7. 如果我做更多的事,我会从教育学生的工作那里挪时间和精力。
8. 这不是我擅长的,也许另一件事情我可以做得更好。
9. 我需要更多的时间来休息、来照顾我自己。
10. 我也许下一年会做这个(下周,月,学期),但不是现在。
11. 我在……期间是可以的,你可以在几周后再跟我谈吗?
12. 如果我再多一个承诺,我会透支的。
13. 对于我来讲太多了。
14. 我对于这种类型的事情并不在行。
15. 我现在不能再承担任何其他的工作了。
16. 在这个时间点,我不能给出所有的能量。
17. 在那方面我不能做出好的工作来。
18. 我需要为我的家庭留些时间。
19. 我已经透支了。
20. 这并不是一个好的时刻。
21. 我已经被折腾得够瘦了。
22. 我不能做那件事。
23. 我的日程已满。
24. 不是现在。
25. 不

不好意思,我需要放松时间!

导师检查表

作为一名导师，我需要对我的学生完成下列任务：

- 举行一个"了解你"会议。
- 给一个"欢迎新教师"礼物。
- 共同为学年设置目标。
- 为每月的会议选定日期。
- 讨论导师和学生的期待。
- 给一个推荐的商品清单。
- 推荐学校第一个月要做的事的清单。
- 复述学校的程序（如午餐要求、出席要求、媒体中心的使用规则等）。
- 解释来学校前和放学后的活动。
- 共同复习私人的学习清单。
- 让学生把学校的设备、材料和装备清单列出（如复印机、教师休息室、保管室的位置等等）。
- 复习所有的校园与运动场规则。
- 给一份网络和电子邮件规则和程序的副本。
- 帮助我的学员学会进入电子邮件、电子登分系统等等。
- 复习进入或退出教学楼的安全程序。
- 同学员一起熟悉学生证号。
- 解释火灾时的安全措施。
- 解释撰写报告的步骤。
- 复习报告涉嫌虐待儿童的程序。
- 复习报告涉嫌滥用药物、滥用酒精、欺凌等的程序。
- 与父母沟通的建议。
- 解释家长和老师委员会的计划和期望。
- 讨论残障儿童的保护程序。
- 复习个体教育项目或者学生学习计划会议的程序。
- 复习课程标准和目标。
- 分享俱乐部和课程外的活动的信息。

- 解释计划户外远足的安排程序。
- 复习并准备州授权的考试。
- 给一份损坏公物和设备的报告副本。
- 讨论特殊活动和项目（如干涉反应）。

导师签名：

学生签名：

完成日期：

鼓励的惊喜

给新老师或学员留一张纸条和其他好的东西来激励他们。

写：你是你的学生的救生圈，为你所有的辛勤工作鼓掌。

留下：一小包个人急救包。

写：你给学生埋下知识的种子。

留下：一包太阳花的种子。

写：因为有你，我们的孩子就不会傻了。

留下：一碗带有达姆弹的吸盘。

写：对于你所做的一切事情给予拥抱和吻。

留下：霍尔希拥抱和吻。

写：你需要一个闲暇的周末，我们很幸运校园里有了你。

留下：一包关爱口香糖。

写：你已经为你的学生激发出了很新的思维，现在拿出点儿时间放松你自己。

留下：一包6瓶的苏打水。

点燃激情

用谚语鼓励学生,任何老师都知道,这样做甚至可以激发出热烈的讨论或学生的写作活动!把这个标语贴在桌子上,或者把它挂在一个意想不到的地方。一个人要永远(不管什么原因)把他的背朝向生活。
——罗斯福·埃利诺

也许他们会忘掉你说了些什么,但他们一定忘不了你给他们的感受。
——毕希纳

如果你想生活得好,你必须掌握欣赏生活中的小事情的艺术,这世界并不是一个金色的世界,但有无数闪烁的黄金隐藏在这些小事情中。
——亨利·艾尔弗雷德·波特

这不是我们的负担,这是我们进行的方式。
——无名氏

填鸭式的长期教导没有带给我们任何收获,除了勺子的形状。
——福斯特

每个人的身体内部都是一些好消息的集聚地,好消息就是你不知道你自己有多伟大!你的爱有多么强大!你能够完成的任务是多么艰巨!你的潜力有多大!
——安妮·弗兰克

很长一段时间我都觉得生活即将开始,但真实的生活中总有一些障碍,有些已经经历过,有一些是未完成的工作,还有要还的债务,时间又紧,生活就这样开始了。后来我终于明白,这些障碍就是生活本身。
——阿尔里·德苏扎

不要等你的目标船划过来,你得主动向它游去。
——无名氏

当你走到你的绳子的末端,似乎走投无路时,绑一个结,把自己挂起来!
——富兰克林·D.罗斯福

第六章　但我是来教数学的

温斯顿,一个六年级的差生,有一点轻微的口吃。作为他的科学老师,你该怎样满足温斯顿的需要呢?

哈丽特年轻时遭受了创伤性脑损伤,导致复发性癫痫,作为一个阅读专家,你该怎样满足哈丽特的需要?

十二岁时,乔治仍然无法阅读。在学校,他能够在上课时记住老师所说的话,所以可以侥幸成功。作为他的数学老师,你该如何满足乔治的需要?

托马斯发现学校具有挑战性,因为他的注意力有问题并且在数学上显得特别困难,作为他的历史老师,你该怎样满足托马斯的需要?

卡里有注意力不集中症和难语症。作为他的音乐老师,你该如何满足卡里的需要?

> 当你总是边走边喃喃自语时,你就是一个处于压力下的教师。

你以为你是被雇来教学生如何解决需要的!

如果你已经在教室里待过很长时间(超过五分钟或更长时间),你就知道教学并不遵循任何理想的模型。大多数班级的学生经常在不同的层面(字面意义上的和象征意义上的),他们不可能都"得到"你分享的某一个精彩的概念,甚至不能都坐在自己的座位上。

你认为你的工作是教数学或高中四年级的历史课程或中学物理?如果是这样的话,放下妄想,你的工作才会更精彩。它不是教某一科,而是成长的人。所以,如果你的标签是"初等代数老师",请加上这些角色:辅导员、护士、心理学家、导师、啦啦队长、纪律委员、得体的礼仪示范者、良好的决策者、和事佬、危机公关经理、仲裁员、积极的榜样和诊断者。如果现在你仍在听我说,你可以添加"法律专家"和"学习风格专家"到清单上。

失去热爱

如果你和大多数老师一样,有一颗爱学生的心,想帮助他们每一个都成功。但是,你深陷于试图将所有的东西教给所有的学生的现实中。你被许多不同的需求淹没了,而你还没有准备好开始。教师工作有时挣扎于准备充分的教学所需要的学科领域的知识。他们必须准备好去适应每一个学习者,包括那些有特殊需要的人。此外,还有与这门课程相关的法律、法规、会议和一些特定的鉴定所需要的文书。这样的组合增加了不满足感、挫折感或准备不充分的感觉。你可能对你的学生(和自己)感到失望,并且对从管理者到多年前的教师训练班的指导员都感到愤怒,最终结果就是超负荷和压力。

每个孩子都有需要,而所有的需求都是特别的。无论有没有官方的"标签",每个学生都应该有他的学习风格、天赋和对挑战的理解,需要得到关注和充分的理解。

当老师获得解决这些需要的正确的工具,便有希望通过课堂来缓解压力。

煮好教育的汤

本章中所提出的问题只有一个答案:你作为一名教师的责任,是要理解和参与解决所有这些需要。注意这句话中的"参与"这个词。你不能也不应被期待适合或减轻每一个孩子的每一个需要。你必须得到支持。但你不能忽略每个孩子的学习风格、能力或缺陷,不管你是体育老师还是数学老师。每一个孩子都应该并且能够感觉到自己是教室里的一部分。

除了专业、道德和对学生的个人义务，今天的课堂还包括法律思考，这是作为教育和公民权利的结果。

通识教育的教师基本上都会在他们的课堂上遇到法律意义上的残疾学生。教师需要这些方面的知识。此外，他们还必须有包容心，针对不同学生进行必要的修改，并调整所需的住宿。这可能会让你感觉到负担。你会觉得好像被扔进了一个字母表和首字母缩写词的大海中。如果你有充分的知情权和充分的准备，在你照顾他们并满足他们的需要的过程中，你将更加快乐。这里有一些提示，帮助你以更少的压力、更成功地满足他们的需求。

1. 看一看你的态度

你永远不会带这样一个班，它没有各种各样的需求（学业、个人、社会、情感、身体）以及各种各样的学习方式。不要认为这些是"缺陷"或者是"问题"。要把学生视为个体，把每个人当成人才。每一个学生都需要老师来看看他们学习上需要什么，并帮助他们解决。不要抱怨指派给你的"困难"的学习者。潜心钻研，尽自己最大的努力去弄清楚如何教每个人。即使是面对最具挑战性的学生，保持有用的、积极的态度，就会减少心痛、失眠和挫折感。

2. 了解你的每一个学生

与学生建立个人联系，真正了解每个学生。去看，去听，去问。学习可以帮助你获得关于你的学生的第一手的材料，了解他的学习状态，他的天赋是什么，学习障碍在哪儿。如果你从了解和重视每一个学生开始，你将会有更少的压力，也会做得更好。

3. 不要戴有色眼镜

儿童不是被贴上"标签"的东西，避免戴着有色眼镜看人。是的，你需要知道在法律上的"诊断"，以充分参与给孩子安排的学习计划。但"标签"只告诉你这个孩子的一部分真相。一个残疾"标签"可以导致你认为孩子就是个"残疾人"，你可能会错过其他重要的属性和信息。如果你被"标签"所蒙蔽的话，你就不能为学生提供最好的教育体验。

4. 去了解

了解所有关于不同类型的学习者的材料，以及他们的学习风格与面临的挑战。如果你没有受过包括特殊教育在内的训练学习风格、多元智能和差异教学等方面的训练，那就去做。

通过教育资源、工作坊和研讨会、同伴互助、杂志、法律和互联网，你可以得到很多信息。

5.学习教育缩写词

汉森夫人喜欢历史,她对新的中年级美国历史的教学任务很有兴趣。 她有各种令人兴奋的学习经验,准备在即将到来的选举年吸引她的学生。 但在专业发展的开幕会上,校长开始谈论学习风格、满足学生的需求和差异化学习。 他提出一系列的学习方式,如残疾人教育、不让一个孩子落后、独立教育评价等。 汉森夫人很困惑,因为她只是想去教历史。 她的压力水平开始上升,她困惑自己曾经学到的是否有用。

你可能会有类似的经历,在一个中学的咖啡馆里听到一些对话。 那里的每个人都兴高采烈地,像在捣碎土豆一样地随意交谈着,伴随着各种术语。 现在你可以减轻这种压力,利用你自己的一些教育词汇和一些对你有帮助的教育术语。 在本章结束的工具节中寻找"学习语言",花点时间去学习。 你可能需要记住这些术语。 当你听到有人使用了一个你不知道的教育术语,不要害羞,问一问别人那是什么意思。

你并不是唯一一个认为"FAPE"代表着"非常令人震惊的校长解释"的老师。

6.了解 IDEA

关于特殊需要的儿童教育的法律已经颁布。 不要害怕、抱怨或者批评它们,去了解它们。 由于法律责任的担子落在了管理者的肩上,现在的教师必须比以前任何时候都更清楚地了解法律如何保护残疾学生。 他们必须知道正规教师在残疾学生的教学中的角色是什么。

因此,熟悉残疾人的个人教育法。 阅读法律或其概要。 在你的手边保留一份基本法律的定义及其副本。 向特殊教育教师和管理者请教。 这将让你不会对你的学生感到一无所知。 如果你了解法律,你将有一个更好的机会,有效地帮助你的学生。 你将提出关于课堂规则的有用建议。 你会了解作为一个老师,你将被要求做什么,你将能够有效地让学生的父母、同事与你一起来帮助孩子获得成功。

7.学习学校的政策和办事程序

熟悉(真正的熟悉,而不只是简单浏览)你的学校和所在州的政策、程序,知道其内容。 了解帮助有特殊需要的学生的步骤。 询问你所在地区的政策和程序并写下来。 向你的学习专家或特殊教育教师求教。 如果你觉得所知甚少,建议你的校长办一个该主题的研讨会,这将有助于你。 在学年开始之前就这样做,每年看看有什么变化。

8.建立一个支持系统

不要孤立地开始，帮助一个有特殊需要的孩子是一个团队的工作。请求帮助，并向所有的管理人员和专家学习。找到有经验的教师，让他与你分享经验。当你有一个坚实的帮助自己的系统之后，你可以为学生做更多的服务。

9.建立与家长的良好关系

这本书已经提倡（并给出具体办法）建立与家长良好的信任关系，与有特殊需要的家长的联系更为关键。父母比学校其他人员更了解自己的孩子，所以他们可以在确定学生需要什么样的帮助方面起很大的作用。你会有最好的机会得知父母知道些什么，只要你建立起了双方互相信任的关系。当一个学生正在或已经确定为残疾时，老师对于父母是如此的重要。专家的会议和决定往往会恐吓家长，而你，老师，才是他们唯一信任的人。所以你可以帮助他们应对这可怕的、有时会很复杂的过程。尽你最大的努力去沟通、帮助，确保家长可以顺利地挺过这个过程。

10.认真做记录

如果你能够敏锐地观察学生的行为或者把他们的困难记录下来，学生将会有更好的成功和进步的机会。不要疏于记录，带着思考去做，不要略过重要信息。

11.坚定地保护学生的隐私

法律要求保密，但是很多专家都不知道或不恪守保密信息、指导笔记和私人记录。（顺便说一句，"不懂规则"不是一个合理的说法，你的责任就是该知道。）问清楚你所在的州对记录保密性的政策，把所有的笔记锁起来。照顾好你所查看和制作的任何记录，并一定不要口无遮拦。除了法律规定的合法人员，不要与任何人谈论记录中的学生的名字或行为事件等信息。

> 这有一个不能看或不能理解的残疾孩子的例子。你激怒你的老师，让你的父母失望，把一切事情搞砸——你知道你可以不用这么傻的。
>
> ——苏珊，汉普郡

有关 IDEA 的指导

以下是与残疾学生相关的法律及其对教师的影响的总结。我们的目的不是要详尽地解释每一部特殊教育法，也不是提供法律咨询。我们的目的是帮助你建立或加强这方面的知识。这可以帮助老教师或新来者对这个领域有很好的回顾。记住，州的法律可以在联邦法律的基础上有所变化，一个州也可以给公立学校学区解释法律和实施法律一定的灵活性。

这些信息将被划分为不同的类别，并回答每一个类别中教师常问的问题。

特殊教育是专门设计的为了满足残疾学生的个人需求，并且无须让学生的家庭付出成本的特殊指导。

此外，特殊设计的指导意味着这些指导可以适用于：

解决任何有残疾的学生的需要；

为了确保完成一般的课程，让残疾学生可以达到由地方教育机构设定的教育标准。

特殊教育和相关服务的资格

资质。在 IDEA 框架下，要享受特殊教育和特殊服务，一个孩子必须满足以下条件：学生必须在 3 岁到 21 岁之间，已经按照 IDEA 的评估结果，确定患有一项或多项残疾；或者经过州政府的允许，学生如果满足发育迟缓的标准，可以获得资格。也必须指出，由于他的残疾，学生需要特殊教育和相关服务。

特殊残疾人法所指的残疾有这些：

自闭症；

聋哑人；

耳聋障碍；

听力障碍，言语或语言障碍；

心智发育迟滞，创伤性脑损伤；

视觉障碍，包括失明；

外科性的伤害。

对于这些障碍的定义，在本章的最后可以看到。同时，可以参考 IDEA 的文本本身。

干预的反应。在 2004 年 IDEA 授权前，识别孩子特殊学习障碍的首选方法是能力和成绩之间的严重差异。2004 年，IDEA 巧妙地创建了一个模型，州和地区纷纷采取和实施"干预的反应"模型，同时也可用于行为干预。与孩子在一起工作的教师处在一个重要的位置，注意儿童的干预并且记录下孩子对于干预的反应。

适当的教育权利。IDEA 是一部教育法律和民事权利法。所有残疾儿童享受免费的适当的公共教育（FAPE），不考虑对残疾人提供服务、提供特殊教育及其服务的成本。 FAPE 的关键词是"公共"。 如果孩子"发现"过程决定一个孩子有资格接受特殊教育和相关服务，公立学校的居住区域必须提供 FAPE。

进入私立学校。 如果孩子的父母决定让孩子读一所私立学校，他们便放弃了接受特殊教育及相关服务的权利，在这种情况下，该地区不再有义务提供 FAPE。 但是父母可以随时决定让他们的孩子在公立学校注册并再次有机会接受 FAPE，私立学校有权拒绝残疾儿童入学、特殊教育和相关服务。 大多数私立学校努力满足学生的需求，但成本会成为服务的障碍。 一部分 FAPE 的资金是由州提供给具备资格的由父母决定送去私立学校就读的孩子的。 私立学校可接纳服务，如果他们要这么做，咨询公共区的程序即可。

另一条服务的路。 一个不符合 IDEA 特殊教育和相关服务资格的学生可以具备享受康复法案（民事权利的法律，而不是一部教育法）504 节中，1973 年通过的服务。 该法的目的是防止歧视残疾人，504 节法案认为如果学生有一个或多个身体上的或心智上的、已经大大限制了人的主要生活活动（即走，看，听，说，呼吸，学习，工作，执行手动功能，以及对自我的关心）的障碍，那么这个学生就是一个有残疾的人。 504 节法案排除了对年龄的限制，并以存在对身体功能的影响或心理障碍为基础，而不是指定的类别。

开始评价。 如果学生就读于公立学校，下面的人或实体可以启动对于候评人的评价：这个孩子的父母，该学区、州的教育机构，或其他州的相关代理机构。 对于一个就读于一所私立学校的有残疾的学生，孩子的父母必须同意特殊教育及其相关服务的评价。

家长同意服务。 虽然父母可以拒绝初始的评价，州政府还是可以评价孩子。然而，未经父母同意，该地区不能提供特殊教育及相关服务。

评估的时间表。 2004 年，经过 IDEA 的授权，完成初始评估的时间是 60 天。 检查所在州的教育机构，IDEA 不允许同一个州建立不同的时间表。 504 节法案没有具体的要求，但希望初步评估完成有一个合理的时间量。

克里斯多夫，我的一个幼儿园学生，被诊断出患有孤独症。他的父母问我如何确定克里斯多夫在学校里可以得到他所需要的支持。这个家庭该如何开始这个过程？

我知道我的学生需要相关的评定，但是我的校长却说"不"，我该怎么办？

拒绝评价一个孩子。如果你的校长拒绝评价一个有残疾的孩子，支持他！如果你是一个私立学校的老师，请记住，你的校长并没有被法律要求接受来自当地公共学校的特殊教育及其相关服务。

如果你是一个公立学校的教师，你要提醒校长，由 IDEA 法案学校是必须评定所有残疾儿童并提供 FAPE 给他们的。在 504 节法案中，学校不能歧视通过观察认为具有特定缺陷功能的学生。准备给你的校长（和家长）事实和数据，支持你的专业意见，为需要你的学生评价其特殊教育和相关服务。不要害怕参考法律（IDEA 和 504 节法案）。你不必引用法规，只是让你的校长知道你也懂法律。

或者，你可以先跟孩子的父母讲这些，如果他们同意，让他们写下评价的请求。这样你就不是请求评价的那个人了。如果父母拒绝评价，校长也不想评估该孩子，你已经做了相当多的事情，虽然受到很多限制。

> **新老师小贴士**
> 学区负责完成初步评估。然而，你可以提供学生对干预的反应和其他的课堂表现的数据。如果你被询问评价信息，要写清楚并且能够迅速地给予帮助。

个性化教育计划（IEP）

IEP 是一种文件，包括了对残疾学生来说适当的教育计划的基本要素，是由学校和家长代表所同意的。对于 IEP 文件的长度没有规定，但它必须包含以下部分：

- 一个关于学生当前的学业成就水平和执行能力的陈述。
- 一个可衡量的学业和年度目标陈述。
- 关于学生的进步如何被测量和阶段性报告如何完成的描述。
- 一个关于为学生提供的特殊教育以及相关服务的陈述。
- 如果合适的话，解释学生不会与非残疾的孩子一起参加的的课堂常规活动。
- 一个所需住宿的陈述。
- 服务和住宿的预期开始日期。
- 不迟于 16 岁时（一些州可能要求一个更小的年龄），第一个 IEP 就要开始，要有适当的教育目标。

> **教师小贴士**
>
> 种瓜得瓜，种豆得豆。所以，不要只是因为你想帮助学生就往 IEP 里丢太多东西。不要用标准检测表，只关注这个学生真正需要什么和你能为他做什么。记住，你要为 IEP 的实施负责。
>
> ——一个经验丰富的特殊教育老师

发展 IEP。为了发展 IEP，IEP 小组应该考虑：

- 学生的当前记录。
- 学生当前的 IEP，如果适用的话。
- 最近的评估。
- 学生的长处。
- 父母的担忧。
- 学生的学业、发展和能力需求。
- 如果学生的行为阻碍了他的进步，如何采取积极的行为干预措施。
- 任何语言帮助的需要，如果学生的英语水平有限的话。
- 如果学生是盲人或视力受损，提供盲文的支持材料。
- 如果学生是听力障碍者或听力受损，提供通信支持材料。
- 技术支持材料，如果适用的话。

IEP 的时间表和团队。一个发展 IEP 的会议必须在 30 天内确定一个学生有无资格接受特殊教育和相关服务，IEP 的小组成员必须包括：

- 学生的父母。
- 至少一个普通教育教师。
- 至少一个特殊教育老师。
- 一个学区代表。
- 一个能够合格地解读教学评价内容的人(该团队的另一个人可以在这方面能力很好，孩子的父母可以除外)。
- 其他对学生个人知识有认识的人，或关于孩子的相关主题有特殊专长的人。
- 学生。

在 IEP 会议上达成共识。 IEP 不应该在 IEP 会议决定之前就写出来。

没有保证。一个学生的 IEP 并不是教育合同，并不能保证会达到年度目标。然而，学校有义务做出真诚的努力去帮助学生达到 IEP 目标。

在私立学校的计划。被他们的父母报名去了私立学校的残疾学生有一个服务计划（SP），这也被称作个人的学习计划（PLP）。这个服务计划只涉及经公共区和私立学校协商同意的服务。

实施地及相关服务

实施地的协议。一个实施地的协议是IEP团队关于学生的IEP将在哪儿实施的决定。决定不需要列举一个具体的教师或课堂，因为这是公认的管理选择。在实施地讨论和决策的过程中，IEP团队应该考虑几个问题来确认实施地是合适的、是在最少限制的环境里的、是尽可能离学生家近的、是基于学生的IEP的。实施地每年都需要重新考虑，但学生的需要可能导致实施地在一个学年内就被改变。

父母的愿望。尽管服务不能因为像成本这样的否定因素被拒绝，但这些问题会影响实施地的决策。因为有几个因素在决定实施地的过程中需要考虑，父母不能成为一个过分重要的因素。

就近入学。实施地应该在一个尽可能离学生家近的学校。在限制最少的环境中提供一个合适的教育环境，如果这意味着最合适的实施地是一个很远的学校，那么学区必须提供交通工具。

私立学校的实施地。学区可能认为一个私立学校或机构是满足学生需求的最少限制的环境。在这种情况下，公共学区将负责实施地、特殊教育和相关服务的成本。学生要像在公立学校一样被服务，如，学生会有一个IEP而不是一个服务计划（SP）。

主流课堂、包容课堂、最少限制的环境。这些术语与学生的实施地有关。许多教育工作者无差别地使用其中的任何一个，但其实它们具有不同的意义。

主流课堂让残疾学生参与普通教育课，在适当的范围内，无须修改学习的期望（如一个学生选择了主流课，那么他可能会用部分或大部分时间参加一个特殊教育课堂，也与正常学生一起参加普通教育的课程，如健康、科学、物理、教育和图书馆）。在IDEA的授权下，推动残疾学生在一天的学校生活的整个或大部分时间都参加普通教育的课堂活动。"主流"是一个法定词汇，在IDEA中确实出现过。

包容课堂是残疾学生在适当范围内参与普通教育课，对住宿做一定的更改。一个残疾学生可以整天参与一个或多个时段的包容课堂。有些残疾学生参与完全包容课堂，这意味着他们参加非残疾的同龄人的所有课程。全包容也是不正确的，事实上，包容并不是出现在IDEA中的法定术语。

最少限制的环境是一个 IDEA 术语，意味着残疾学生必须在适当的范围内，与正常学生一起接受的教育。 特殊课堂、学校分区或任何其他残疾学生与正规教育课堂的分离，只能发生在正常课堂的教具和服务不能满足残疾学生的需求的情况下。

最少限制的环境是一个服务的连续统一体，一般的教育课堂是限制最少的，而住宅设施或医院则是最严格的。 根据学生的需要，在一个学年中，如果必要的话，他们可以向上或向下延伸。 在 IEP 的发展过程中做出的决定，包括对于学生的教育最少限制的环境。 通识教育课堂应该是最理想的首选实施地。 为了达到适当的目的，它必须设置为让残疾学生也可以很好地完成的教育，并且 IEP 可以实现。 教育实施地不能给学生带来伤害并给其服务质量带来危害，并不得损害同学的学习。

相关服务：提供给学生的支持服务，使他从特殊教育中受益。 最常见的相关服务包括：言语与语言治疗、物理治疗、职业治疗、心理辅导、行为治疗。 辅助技术也可以是相关的服务，如可用于增加、维持或改善学生的能力的一个项目、设备或产品系统。 不是每一个残疾孩子都需要相关服务，提供相关服务的决策是以个人为基础的，并应包括在他的 IEP 中。 如果一个孩子只需要相关服务而不需要特殊教育，在 IDEA 的框架下，该孩子没有资格作为一个有残疾的孩子享受特殊教育。 这样的孩子可能有资格在 504 节法案的基础上享受相关服务。

保障程序

IDEA 规定的保障。这部法律提供了一系列在孩子被确定为残疾之后的关于决定和服务的流程。 保障措施是为了确保残疾儿童父母对孩子的教育决策的参与。 这些措施包括家长检查记录、参与会议并被通知变化的权利，父母没有陈述学生的权利，有使用父母母语书面沟通的权利。

教育记录。IDEA 和 504 节法案都保障残疾儿童的父母（年龄较大的儿童自己）有权检查和评审记录。 家庭教育权利和隐私权法案（FERPA）给学生父母和年长的学生提供了检查教育记录的权利。 FERPA 适用于公共和私人教育机构。根据 IDEA 和 FERPA，术语"记录"是指直接与学生相关的指导记录（打印、手写、录音和拍摄）。

亲生父母或与孩子住在一起的养父母都是 IDEA 认定的"父母",但其他人也可以被认定为父母,获得同样的程序保障,这将包括:法定监护人,一个在父母位置的人,替代父母。 如果父母已获得实际的和法律上的监护权,根据州的法律,他们就是 IDEA 确认的唯一的父母。

私立学校学生的权利。如果一个地区的公立学校通过 IEP 将学生送到了一所私立学校,IDEA 提供的权利仍然保留。 如果父母把一个残疾的孩子送到私立学校,特殊教育及相关服务的权利将被取消。 然而,公共学区还必须识别和评估所有的孩子,只要是居住在该学区内的就不行。

正能量小贴士

不要让 IDEA 法案压倒你!保持上述的详细手册,记住下面六个原则,它是保障残疾学生的法律。

1. 免费的适当的公共教育(FAPE);

2. 孩子发现计划,包括适当的评价;

3. 个性化教育计划(IEP);

4. 最少限制的环境(LRE);

5. 父母和学生参与的教育决策;

6. 过程的保障。

——家庭资源中心(2008)

处罚一个有残疾的学生的不同规则。一般而言,一个残疾学生即使行为不当也不能够超过 10 天不上学。 IDEA 说明了特殊情况,一个校长可以让一个残疾学生接受临时教育,不需要看学生的行为是不是其残疾的表现,但不能超过 45 天的期限,如以下的行为:在学校里或者具有管辖的学校功能区内持有武器或者在学校非法拥有武器,或使用非法药物,或出售或招揽受控物质,或造成学校中的另一个人严重的身体伤害。

下个星期我将接到一个学生,据之前的老师说,他总是不好好表现并且打扰别的同学。这个学生有学习障碍。一个孩子的残疾会怎么影响他被处罚的方式?

功能性行为评估。一个功能性的行为评估（FBA）是一个解决问题的过程，旨在为学生找到行为的目的。 FBA 应该帮助 IEP 团队分析学生的行为，重点分析行为的功能，如社会情感、认知以及与行为的发生有关的环境因素。

确定清单。当有残疾的学生要被惩罚，两部法律——IDEA 和 504 节法案都要求对孩子的不当行为和他的残疾之间的关系进行评估，这一过程被称为体现测定或医疗鉴定。 做这个评估的团队由学生 IEP 团队以及其他熟知学生知识的人员组成，如果由于学生违反规定的行为而使残疾学生的教育实施地有了任何改变，学区、父母和 IEP 小组相关成员必须在 10 天内审查所有的相关信息。 如果确定学生的行为是其残疾的一种表现，法律必须具体陈述其步骤，包括解决导致该行为问题的措施。

驱逐。一所学校可以开除一个确有残疾的学生，然而，该学校必须继续提供另一个 FAPE 的服务。

> **正能量小贴士**
>
> 不要对自己过于苛刻，也不必对学生如此。当一个残疾的学生行为不当时，这个行为往往并不是其他问题，看下其起因，你会更有效地解决行为问题。

对有特殊教育需求的学生的包容

> 如果一个医生、律师或牙医同一时刻有 40 人在他的办公室，每一个人都有不同的需要，有一些人并不想在那里并制造麻烦，而医生、律师或牙医没有援助，必须用卓越的专业来对待他们，超过九个月后，他们会对老师的工作有些概念。
>
> ——唐纳德·奎因，教师、作家

在我上小学的时候，拉罗什夫人在她教四年级的第一年见到我。 在她的手里是一个褪了色的袖套一般的东西，看起来好像已经在洗衣房里被洗了太多次。 拉罗什夫人是一个很好的老师，尽管她没有经验，却是我最喜欢的老师之一。 她给学生留下了智慧的印象，即使是最令她疲惫的学生。

"那是什么东西？"当拉罗什夫人把破烂棉布放在我的桌子上时我问道。

突然，一直很冷静的拉罗什夫人，泪流满面，说：

"那，"她一边说一边指着，"那是杰罗姆！"

原来，我桌上的布是新的袖套，是一个新学生约瑟夫的旧睡衣上的，他患有阿斯伯格综合症。

为证明自己的舒适性，约瑟夫故意在任何地方都带着这个套子，还给它起了个名字，并用它作为帮助，应对四年级的压力。拉罗什夫人有耐心、宽容，但与约瑟夫的睡衣工作在一起还是有压力的，袖子事件终于将她推到一个临界点。

我买了拉罗什夫人最喜欢的饮食跟啤酒（她最喜欢的），给了她一盒纸巾，然后我卷起袖子。我们必须找出关于约瑟夫的一切——他的欢乐、他的恐惧、他的优点、他的困难、他的触发点等。我们同约瑟夫的父母进行了长时间的讨论，跟他的治疗师讨论，我们读遍了关于阿斯伯格综合症的材料。要约瑟夫进课堂是不容易的，经常令人沮丧，但拉罗什夫人坚持了下来。她学会了如何在课堂上让约瑟夫觉得舒服。她学会了在约瑟夫退步后如何调整，并花了很多时间努力沟通，通过增加她对约瑟夫的了解，拉罗什夫人能够减轻自己的压力了。结果老师发现她有了一个离经叛道的、约瑟夫式的幽默感。

一年半后，约瑟夫把旧睡衣袖套扔掉了。四年后，他成功地从我们的学校毕业。又四年后，他从当地的高中顺利毕业。他有了几个朋友，他的同学接受了他所有的怪癖。而拉罗什夫人当然还不是约瑟夫成功的全部原因。毫无疑问，她可能是他失败的一部分。但是如果拉罗什夫人继续让约瑟夫有强大的压力，约瑟夫就不会在学习上成功。他也不会有持久的友谊，他和他的老师整个学年都会很痛苦。顺便说一句，虽然他们不再有日常接触，但是约瑟夫亲自邀请了拉罗什夫人参加他的高中毕业典礼。

最少限制的环境是为了对残疾儿童有更多的包容的 IDEA 行为的一部分。虽然学校的特殊教育部门可能对这些学生负有责任，但是他们中的许多人花部分或大部分的时间在普通教室里。这将形成一个与过去的课堂明显的区别，并提出了一种前人没有用同样的方式处理过的挑战。

对这些学生更具包容性的课堂的好处得到了广泛认可。然而，要满足学生需求的要求依然能够难倒最好的、有丰富教学经验的老师。残疾学生的教学是不易的，并且不容易成功。但包容是当今课堂现实的一部分，即使是学校的一天的一部分，教师还是会感到不知所措。

在这种情况下，对任何老师来讲，知识就是力量。如果你了解每一个残疾学生的长处和短处，你将能更好地准备提供给所有的学生需要的支持，得到一个双赢的局面：学生达到成功，你可以感觉到你发挥了作用。对残疾学生教学的更多细节，可以访问资源部分列出的网站，在第六章的最后可以发现，也可以在本章最后部分的工具节中找到更多的资源。

> **教师小贴士**
>
> 这不需要动脑！你准备得越充分，你对于孩子的特殊障碍、需要和行为就了解越充分；你与学生父母越配合，就越会有更大的进步，对学生的幸福也会更加有利。而且，顺便说一句，你会更舒适。在门口检查你的焦虑，克服它们，用对孩子的关爱和传授知识来克服它们。
>
> ——一位经验丰富的教师

满足学生的需要

在学校，有一天我问我的同事布伦达是否记得某个电话号码。突然，她的手指开始飞速运动。

"你在做什么？"我疑惑地问。

"试着想起那个电话号码。"她喃喃自语。然后我意识到，她假装她的左手边有手机，她右手的手指在输入号码。不一会儿，她说出了正确的电话号码。

"啊哈！"我意识到，"布伦达是一个动觉或触觉学习者。"

如果你问我一个电话号码，我可能会看着天花板或迅速将眼睑闭合，似乎在打瞌睡。

我是一个视觉学习者，我看到那些数字在我的脑海里。

我并不总是将这些与学习风格联系起来。当我刚开始教学的时候，我坚持让每一个四年级的学生写下黑板上的每一个字，这让我想起我是怎么学习的，当我需要学习时，我一遍又一遍写下大量的笔记。我假设每个人用这种方式都可以学得很好。当然四年级的教学中，做笔记并没有错。对某些人来讲，它是一个终身的工具，但我对于不同的学习风格没有概念。

> **教师小贴士**
>
> 自从我执教的第一年开始，我给我的学生每年进行两次多元智能测试，它使学生了解自己的学习优势。它减少了我的压力，因为我所有的学生都积极参与到学习中来，我衷心地推荐这个方法。
>
> ——塔妮莎，宾夕法尼亚州

我教八年级英语很多年后，终于有了这个概念。我在每一次课前都会准备一个完整的盛大的表演。我准备唱韵律歌来练习词性。我在写作时间播放轻音乐，我让学生选择自己的空间来完成作业和考试。我们玩游戏来复习单词，在写定义的时候用画图表示，我在白板上用颜色标记。我画线，画圈，画箭头，画图。一些学生，像安东尼，学会了这种方法，用彩色笔和他自己的标记抄我的笔记。

我也学会了詹宁斯的学习方法。事实上，詹宁斯从来没有记笔记，如果你坚持要他写笔记，詹宁斯会分心，从而错过重要的信息，他是一个聪明的听觉型学习者。他听了我说的每一句话，能够用个人方法吸收和应用信息。我必须努力保持领先詹宁斯一步，同时确保同班的人得到了他们所需要的指令，这让我对我的教学有了心得。詹宁斯每一次考试都领先，但他甚至没有翻开任何一本书。他的作业是马虎的，但能够站在班级前面具有智慧地，并且以对主题较深的理解进行发言。

学习的差异和需求也存在于那些被确定为特殊教育和相关服务资格的学生中。每一个课堂都由许多不同的学习风格构成。想一想你自己是怎么学的，这是一个好主意，因为你可以肯定的是，你自己的学习风格会影响你教学的风格。你会选择优秀的适合自己的学习倾向的教学策略，这种做法是很可行的。

了解自己的学习风格

尝试这些简单的测试，以了解你自己的学习风格：

测试 1

当你	你……	或者你……	或者你……
试图集中精力时	被移动弄得分心	被噪音弄得分心	被周围的活动弄得分心
拼写一个不会的单词时	闭上眼睛,能不能"看见"该单词	读出这个单词的语音	用你的手指或者铅笔写这个单词
遇到某个你以前碰到的人时	记得脸,但名字忘了	记得名字和你们之间最后一次谈话,但忘记了他的长相	记得你们最后一次在一起时所做的一切
阅读时	喜欢描述语言的段落	喜欢对话	喜欢行动的感觉？或者真的不喜欢阅读
面对一个新的工作任务时	偏好图形、示范、模型和幻灯片	更喜欢与别人一起大声地讨论工作中的事情	宁愿在学习时做跳一跳等运动

续表

当你	你……	或者你……	或者你……
把某些事情放在一起时	阅读指示方向并仔细看指南图	让别的人去做这样的工作	当你走过去之后,你找明方向并指出其实质
与某人谈话时	不想听别人讲太多	喜欢听,但发现自己渴望发言表明自己的观点	当你解释什么时,喜欢用双手打手势
讨论业务时	喜欢面对面的谈话	喜欢打电话或者发电邮	喜欢谈话时一边做些什么事,比如散步
你或许是	一个视觉学习者	一个听觉学习者	一个动觉学习者

选自柯林·罗斯《加速学习》(1987)

测试 2

你喜欢	你会……	你可能是……
看书?填字游戏?文字游戏?绕口令	你在听写单词时是能够先说出来还是能够先写出来?你发现理解英语和历史的概念要比理解科学和数学概念容易吗	一个语言优势学习者
像数学和科学这样的课程吗?寻找结构或者模式	很容易在头脑中计算数据?抽象地思考	一个逻辑学习者
迷宫和拼图?画画或涂鸦?包含插图的阅读材料	做的梦生动吗?方向感好,甚至在周围环境不熟悉时	一个空间学习者
经常参加体育锻炼吗?花很多时间在户外?喜欢更冒险的活动,如赛车或跳伞吗	发现你很难安静地待很长一段时间?讲话时,使用手势或者其他身体语言	一个身体动觉学习者
听音乐?在做事情时喜欢发出嗡嗡声	记得只听过一次的节奏吗?经常听到长时间地在你耳畔演奏一首乐曲吗?发现如果有音乐,时间便很好打发	一个音乐性学习者

续表

你喜欢	你会……	你可能是……
教别人吗？团队和团队运动？小组活动？社交活动和游戏	周末相比于待在家里更喜欢外出？你认为自己是个领导者吗	一个人际关系型学习者
反思和思考？一个人的爱好或活动？参加活动改善个人成长	有具体的人生目标吗？认为自己独立思考并且意志坚强	一个内省学习者
在户外？寻找自然的奇迹和规律	注意与环境的关联？喜欢自然特征的发现、识别或分类	一个自然主义者的学习者
思考大的问题？搞清楚为什么事情以其方式运行	思考现实、死亡和很多的终极现实问题？喜欢阅读和研究哲学理论	一个存在主义学习者

选自柯林·罗斯《加速学习》(1987)

当你设计学生的学习经验时，避免与你个人的舒适区贴得太近。如果你与自己的舒适区贴得太近，你会发现它并不是真正的舒适。你会有压力，因为你的一些学生不会很好地学习。是的，它可能有悖常理，当你超越你所熟悉的一切时学生会受益。但当你这样做，你可以多样化地教学，以满足个别学生的需求。学生会更成功，你会有更少的挫折感。

不久前，在谈到压力时，一位老教师叹了口气，她感到现在使用差异化教学并不如意。"贝丝，"我指出，"你已经使用了多年的差异化教学了！你知道其需求是什么了。你创建了好几年的阅读小组，还记得你在数学上面的小组教学吗？你与年级同事一起，合作教了几个相同的目标，使用了不同的教学方式。"

突然，贝丝笑了，"你是对的！"她说，"我想这并不难！"

满足学生需要的教学技巧

好的教师自然地教学,以满足各类学生的需要。 记住这些做法,他们会帮助你记住指导个别学生的需要的重点:

1.了解每一个学生。 尽可能多地收集关于学生如何学习的信息,听他们的父母、以前的教师和他们自己讲述。 密切观察。 给每一个学生做一个关键属性的图表或列表。

2.让你的课堂支持学生。 确保你的课堂支持学生的需要,这包括你的教室布局、使用的各类材料、照明与声控、交通模式、时间表,甚至你的课堂程序。 学习的最大干扰来自课堂教学过程与学生学习风格的冲突。

3.提供工具箱。 收集各种各样的想法,以满足各种学习的需求。 在工具节中发现并回顾这些有用的工具。

CST?
长期压力教师?
抓住七个逃课者?
古怪的科学老师?
称职的潜水训练者?

> **教师小贴士**
>
> 许多次我都是筋疲力尽地从学校回到家。当我问我的一个同事为什么总是看起来充满活力,她给了我这个很好的建议。她说她积极地参与到她布置给学生的每一个体验中。这帮助我考虑各种学习风格。我不再筋疲力尽。我重新充满活力。试试看!
>
> ——凯瑟琳,德克萨斯州

4.学会区别。 教学的差异化是学生(也是老师)的生命线,这在任何课堂上都如此。 这意味着以不同的方式提出相同的概念或相关技能,调整对个人的期望,根据不同的情况和过程提出不同的要求。 学习课程,参加一个研讨会,获老师的帮助,读一切你可以找到的资料。

5.建立不同的教学方法库。做一个学习活动的清单，可以使用工具节的列表，也可以与你的同事创建。每月至少回顾一次这个清单，提醒自己可供选择的各类策略，以适应每个学生的特殊需要和风格。整个课堂一定要包括许多不同的活动，让你能够接触所有学生的学习模式。

6.意识到自己的学习偏好。一年几次，停下来反思你的教学风格，确保你不会被困在一个一成不变的教学方式中。

7.相信你能够做好！被知识所鼓舞的成千上万的学生，没有了所谓的"标签"，是在关注学生的个性化需求的老师的帮助下达成的。在本章开头所描述的温斯顿、哈丽特、托马斯等，都在老师的了解与关心下，很快地成长进步。教师为他们准备了最佳的教学方法。

激情重回

每个孩子都是独一无二的，他们是五彩缤纷的综合体，他们的奋斗、能力、挑战和学习模式会让你高兴。这一切都取决于你如何看待"花园"的差异，以及是否有充分的准备，你将要去珍惜"成长"的宝藏。当你充分利用各种支持，去了解不同学生的特点和需求，了解不同孩子的学习规律和适当的程序，把自己用爱武装起来，把各种学生教好，你就会没有所谓的慢性苦恼。以正确的态度、良好的准备和坚实的支持，你会丢掉对这些"特殊"的需要的恐惧。什么时候你失去了恐惧，就可以心情愉快地享受和满足学生的需要。

我的建议

在周末你是否把思考中的问题抛开了？有麻烦时听一听音乐。精神疲惫，而你的身体也处于紧绷状态。放松你的思想和注意力，抛开烦恼和困境，听音乐吧！想起一首歌，可以让你精神焕发或感到快乐，只是唱一唱也有乐趣。哼一哼，吹口哨，或轻拍出节奏，沿着走廊走唱。

工具

149：了解这些术语

151：学生如何学习？

153：关于教育 IDEA 学生的建议

156：无压力的 IEP 会议的快速指南

157：ADD 和 ADHD 学生的教学调整：快速指导

158：多元智能搜寻

160：多元智能学生教学的建议

161：学习活动清单

了解这些术语

缩略语对照

ADA——美国残疾人法案

ADD——注意力缺陷障碍

ADHD——注意缺陷多动障碍

AYP——适当年度进步

BIP——行为干预计划

BMP——行为管理计划

CFR——联邦政府管理条例（由管理机构制定的规则，比如美国教育局制定和颁布、强制执行的法规，通常用于帮助大众明确一个法规的意图）

DI——分化教学

ED——美国的教育或情绪困扰协会

ELL——英语语言学习者

ESL——英语作为第二语言学习者

FAPE——免费的适当的公共教育

FBA——功能性行为评估

FERAP——家庭教育权利和隐私法案

IAES 或 IAEP——临时替代的教育背景

IEDA——残疾人教育法案

IEE——独立的教育评价

IEP——个性化教育计划

IFSP——个别化家庭服务计划

ISAP——个别学生援助计划

ISS——学校内休学

LD——学习障碍

LEA——地方教育机构（学校区）

LEP——英语水平有限

LRE——最少限制的环境

MD 或 MDR——表现或表现测定的研究

NAEP——国家教育进步评价

NCLB——不让一个孩子落后法案

OCD——过分强制的混乱

OCR——民权办公室

ODD——对立违抗性障碍

OHI——其他健康损害

OSEP——特殊教育办公室

OSERS——特殊教育和康复服务办公室

OT——职业治疗

PT——物理治疗

RTI 或 RTI——干预的反应

SEA——州教育机构（州教育部门）

Section 504——1973 年颁布的 504 节法案

SED——严重的情绪紊乱

SLD——特殊学习障碍

SP——服务计划（代替 IEP 的父母将残疾孩子放在一个私立学校的服务计划）

Title1——1965 年的小学和中学教育第一法案（也可以认为是不让一个孩子掉队法案）

USC——美国法典（联邦政府法规/法律）

学生如何学习？

对不同类型的学生的教育策略建议

对教育视觉学习者，试着……
- 使用讲义、图表、表格传递重要信息
- 鼓励学生记笔记
- 允许使用荧光笔、彩色笔和标记来强调关键点
- 使用动画和图形
- 书面指令

对教育听觉学习者，试着……
- 直接大声读出来
- 让学生重复说明
- 包括口头训练
- 允许学生使用歌声或者诗歌来呈现
- 允许用录音机来代替记笔记

对教口头语言学习者，试着……
- 朗诵
- 辩论
- 大声读出来
- 戏剧化
- 日志

对教育动觉学习者试着……
- 允许经常的移动性的打断
- 通过身体节奏教学关键的理念（比如一边抛球一边记忆元素周期表）
- 允许学生通过一个小的活动练习节奏，如压缩粘土，静静地按铅笔的帽，或者嚼口香糖
- 只要可能就使用教具
- 文本的关键概念让学生有身体安置点

对教逻辑数学学习者，试着……
- 预测
- 编码
- 手法
- 解谜语
- 测序

对教视觉空间学习者，试着……
- 绘图
- 画画
- 使用图表、表格、图形
- 照片
- 使用3D或者计算机设计项目

对教学身体动觉学习者，试着……
- 手的活动
- 戏剧化
- 草图
- 小组活动
- 运动

对教学音乐学习者，试着……
- 说唱音乐和诗歌
- 背景音乐
- 节奏
- 歌唱
- 样式
- 使用打击乐器

对教学人际关系型学习者，包括
- 合作学习
- 同伴教学
- 小组学习
- 分享
- 头脑风暴

对教学内省学习者，包括
- 个性化的独立研究
- 独立阅读
- 允许个人选择作业
- 日志

对教自然主义学习者，包括
- 户外学
- 利用昆虫或动物为基础
- 使用显微镜或望远镜
- 植物和动物识别
- 从自然收集物品

第六章　但我是来教数学的

关于教育IDEA学生的建议

孤独症
特征包括语言和非语言沟通技巧的减少，拒绝日常活动的变化，重复的活动和感官刺激反应异常。

教师小贴士：为你的课堂做出调整。用适当的问候教导，但不要坚持眼睛直视。使用简洁、具体的语言，考虑学生的感受，让学生感到舒适。

听力障碍者
听力严重损失，即使使用助听器，孩子还是听不到。

教师小贴士：由于许多学生保留一些残余听力，仔细考虑布置。这不仅意味着课桌的位置，而且要考虑合作小组的工作、课堂讨论和学校集会时学生所在的位置。如果学生戴上了人工耳蜗，一定要在教学过程中把背景噪音降至最低。

聋哑者
听觉和视觉上的损失非常严重，以至于不能适应视觉或听觉的调节。

教师小贴士：请记住，这种学生通常不是完全没有视觉或听力，这种残疾类别包括一系列的损失。要熟悉残疾学生学习过程中的长处和能力，与学生的特殊教育教师、治疗师和其他工作人员一起工作。

智力低下
智力明显低于平均水平。

教师小贴士：给个人或小团体具体的指示，保持简单明了。指派一个支持的伙伴，重复教学，庆祝成就。

听力障碍
听力永久性或波动性地受损，影响孩子的教育。

教师小贴士：如果学生能够懂唇语，站着那里，让你的嘴容易被看到。说清楚内容，避免使用成语和俗语。如果使用了翻译器，就直接对孩子说话，而不是对翻译器，以书面形式提供教学信息以确保理解。

矫形外科损伤

严重影响儿童教育的矫形障碍。比如四肢不全、大脑麻痹、骨结核等。

教师小贴士： 留出额外的时间来进行活动。不要预设该学生由于其残疾不能参加的活动，要灵活和包容地处理。让他们有独立的卫生间，因为他们很敏感。这样的学生会容易疲劳，也定期需要移动或被移动。

多重残疾

这些残疾的集合导致儿童接受教育的严重障碍，这种严重障碍比其他的残疾类别中任何一个都要严重。失明被排除在这个残疾之外。

教师小贴士： 由于这是一个广泛的残疾类别，花时间来让自己知晓这些特殊学生的优势和劣势。缩短教学计划的时间，多休息，从一个活动再到另一个活动时允许额外的休息时间。

其他的健康损伤

有限的力量或活力，如白血病，情况严重的哮喘，风湿热，镰状细胞性贫血，心脏疾病。ADHD也明显是在这个分类中。

教师小贴士： 这些学生由于自身疾病而不得不长时间离开学校，不仅要提供教学材料，也得要通过电子邮件或电话记录帮助学生继续感受课堂。你的目标是让他们回到教室，让他们感到他们是受欢迎的。如果学生被诊断为注意力缺陷障碍，让教室的干扰尽可能少。考虑座位安排，不要让学生坐在教室门边或窗户边。使用视觉，并在一个时间段给予指示。在给教育指令前，要和学生有目光接触。

严重的情绪焦虑

情感方面的问题，包括不适当的行为，普遍的不幸福的心理或抑郁，不能维持适当的社会关系。这种类别不包括学生的社会适应不良状态。

教师小贴士： 课堂规则用积极的措辞，创建一种常规，并尝试坚持它。奖励适当的行为，并对不适当的行为采取公平和一致的态度。了解你的教学可能需要何种合适的社会和自助技能。

言语和语言障碍

种类包括口吃的语言障碍，或语音障碍。

教师小贴士： 不要害怕让这个学生重复一个词或短语。不要为了让这个学生完成句子而完成句子。鼓励和使用交流的其他形式，如面部表情和身体语言。保持轻松的心态，在交流时的重点是说什么，而不是怎么说。

特殊学习障碍

一个基本的心理过程的混乱，包括理解或使用口头或书面语言障碍。种类包括阅读障碍、书写障碍、知觉障碍、发育性失语和轻微脑功能障碍。

教师小贴士： 跟父母、特殊教育教师和其他照顾者了解学生的优势。灵活开放地调整，如减少作业、口语考试和额外的援助。

创伤性脑损伤

后天性损伤，影响孩子的教育效果的大脑损伤。

教师小贴士： 练习耐心。意识到你可能要降低你的期望值。要去了解，与学生家长和其他照顾者交谈，尽可能多地去了解挑战或限制。考虑减少工作量，在同一时间准备重复地给一个指令。

视觉障碍（包括失明）

视觉障碍，即使矫正了，也还是会影响一个孩子的教育效果。

教师小贴士： 当与此类孩子直接交流时，要表明自己身份，并且使用学生的名字。小心你的教室的任何物理变化；关闭壁橱的门，拿起落在地板上的物体，不要重新安排家具。口头解释为什么你这样做。为这些学生听力考虑，使用适当的音量。

无压力的IEP会议的快速指南

1. 穿职业装。

2. 准时到达。

3. 带上有关你教育的或打算要支持的学生的文件或信息。

4. 以专业的形象出现。带上一本干净的记事本和一支新笔（除了所需要的信息，不要带一些需要批改的作业纸或其他物品。不要让笔记本脏乎乎的，笔不要带痕迹）。

5. 会议期间你对委员会的决定有任何疑问都可以说出来，这样就会被立即记录到会议纪要中。

6. 在会议制订了一个IEP资料包后再离开，以确定当你收到这样一个资料包时你能够理解。

7. 要一份会议纪要复印件。

8. 不要害怕发问（在你离开会议前），对于澄清你与学生的关系的责任方面要敢于发问。

9. 你认识孩子们的父母——也许比那个房间里的任何人都要熟悉，如果你看到父母有疑问或不确定时，不要迟疑，去问他们是否理解或者需要澄清。这将会使得诊疗师、特殊教育教师或辅导员在这个会议期间而不是几星期之后才了解到父母关心的问题。

10. 会议后，让孩子的父母知道，你将要与他们作为一个团队工作，你会给他们信息。向他们保证，你们会尽可能帮助他们的孩子获得成功。

> 我希望委员会允许我拷贝会议文件。

选自德克萨斯州CTE出版社《给教师的建议》

ADD和ADHD学生的教学调整
快速指导

如果学生表现出组织混乱：

- 提供一个日常的条例；
- 与学生签订合同，如果合同完成就给予奖励；
- 经常检查学生的笔记本，看其组织性有无增加；
- 提供书面作业的截止日期；
- 将大的项目分解成小项目，规定每个小项目的完成时间；
- 弄一个提醒便签；
- 提供胶带标志提醒注意某些页面；
- 提供彩色回形针；
- 给学生提供标记笔标记重要信息，帮助学生注意关键思想，在阅读时提供录音活动。

如果学生很容易分心：

- 将任务分为一小段的多个部分；
- 提供远离干扰的优先座位；
- 提供移动机会；
- 计划高度结构化的程序及教学方法；
- 经常走并站在该学生周围；
- 经常检查学生的作业，如果需要返回重做。

布置作业后如果学生不能很快上手：

- 用连续的步骤介绍作业；
- 检查对于指令的理解；
- 经常在作业的头几分钟就检查进展。

多元智能搜寻

在课堂一开始就激励你的学生。多重智能在这里显示，每个学生都有机会在这个温暖的活动中闪光，给学生一个下面表格的复印本。

....

你的使命：找到这个房间中的一个有才能的人，他能够做出下面的题目，你的同学要证明他的才干，并将下面的表格初始化。不要包括你自己。

找出……

- [ ] 初始同学中的天才
- [ ] 谁反着说出了字母表
- [ ] 谁能够单脚站立，揉肚子
- [ ] 唱歌或哼唱这首《星条旗》的前几段
- [ ] 能够讲出热血动物和冷血动物的区别
- [ ] 找出这个序列的后面数字6，9，12，15……
- [ ] 解释为什么他们认为人类会是在地球上最
- [ ] 画出距离学校最近的杂货店的路线图
- [ ] 详细地描述最近的一个梦
- [ ] 描述最好的派对应该是怎样的
- [ ] 讲一个最近发生的可笑的故事
- [ ] 用舌头舔到鼻子
- [ ] 做一个侧滚翻
- [ ] 唱出或者哼出最近流行歌曲的前几段

第六章　但我是来教数学的

多元智能搜寻

有时我们并不知道别人的才能，但我们可以通过"珍贵的搜索"（在这个案例中，一个智能搜索）来发现别人的特殊才能。

发现谁能……

- [ ] 能够吹贝多芬第五交响曲的几个音符的口哨
- [ ] 一只脚站立，闭上眼睛，至少保持五秒钟
- [ ] 至少可以背诵一首诗中四个连续的章节
- [ ] 计算出学生桌中能够装多少鞋
- [ ] 完成这一数值序列，并解释逻辑，36，30，24，18……
- [ ] 讲一个可笑的（合适的）笑话
- [ ] 描述一下完美的动物应该是怎样的
- [ ] 解释一下为什么生命就是旅程
- [ ] 用说唱表演幼儿韵律《坐在软垫上的矮胖的人》
- [ ] 画一幅在一个热气球中的猫和狗
- [ ] 描述一下两栖动物和爬行动物的区别
- [ ] 画一幅从学校到杂货店的最近距离的地图

多元智能学生教学的建议

在哪方面较强	思考	爱	需要
语言	用词汇	读、写、讲故事,玩词汇游戏	书、磁带、写作工具、纸、日记、对话,讨论,故事辩论
逻辑数学	用推理	实验、问题、画图、谜语、计算	探索和思考一切科学教材、教具,去天文馆和科学博物馆
空间的	用想象和图画	设计、画、视觉冲击、涂鸦	艺术、读书、电影、视频、幻灯片、想象力的游戏、迷宫、拼图、有插图的书,去博物馆
身体动觉的	通过动觉感官	跳舞、跑、跳、构建、触摸、打手势	角色扮演、戏剧、运动、体育游戏、手的触觉经验、学习
音乐的	节奏和旋律	唱歌、吹口哨、哼、手舞足蹈、听	单独唱,去音乐会,家里和学校的音乐演奏,乐器
人际关系的	跳跃的想法的人	领导、组织、操纵、演练、玩	朋友、小组游戏、社交聚会、社会事件、俱乐部、导师、学徒
内省的	在内心深处	设置目标、冥想、梦想、安静	秘密地点、单独时间、自我节奏、选择
存在主义者	通过大的画面	分析为什么要这样操作	表达对世界、宇宙的感情
自然主义者	通过动物和自然	自然、分类领域,科学	户外、探索自然

选自大卫·拉齐尔《评估方式:用多元智能评价理解》

学习活动清单

> 记住，学生会学得更多并记得更牢，当他们……
>   以某种方式积极地参与进去
>   做比仅仅听好（讲，写，思考，画，创建，运动，表演，反馈）
>   识别和表达一个概念的应用
>   与某人一起讨论某个理念
>   看一看现实生活的影响，与他们自己的相关之处，对别人的益处

包括下面的学习体验：

- 小组决策。
- 问题解决。
- 一起阅读。
- 写作和分享。
- 角色扮演。
- 画出对概念的理解。
- 柔性调度。
- 弹性结果。
- 提问。
- 构建模型。
- 实验。
- 日志。
- 创建显示。
- 直观地反馈思路。
- 通过音乐和节奏来设置思路。
- 画出或者描出概念。
- 把概念分解成小的部分。
- 分析。
- 预测。

- 评估。
- 使用技术——计算机、可视投影仪、互动白板、日志、博客、网站、社交媒体。
- 独立的学习合同。
- 注释。
- 卡通、照片、表格、图表。
- 小组讨论。
- 小组项目。
- 选择。
- 对不同类型的学习指引。
- 图像组织。
- 模拟游戏。
- 学习小站。
- 互动式教师介绍。
- 戏剧和木偶戏。
- 齐读。
- 如何演讲。
- 运动。
- 音乐。
- 辩论。
- 口语解释。
- 引导图象。
- 日记。
- 访谈。
- 口述或者写作总结。
- 视觉分类。
- 自我反思。
- 组合。

第七章　冲向终点线

> 当你每天穿上你的赛跑装备来到学校，并且你的秒表总是在赛跑的时候，你就是一个处于压力下的老师。

维尔特先生帮助自己的学生准备明天的测试，在准备阶段，他只是教他们如何明确主题思想，并引用证据支持它。他用了一段介绍雪莉·奇泽姆的文字内容，他曾是第七届国会议员，又是非洲裔美国主要政党的总统候选人。

一个学生举起手问为什么在雪莉获提名前的三十年间，没有一位非洲裔的美国总统候选人。另一个学生想知道性别在当中扮演了什么样的角色。一个活泼的课堂讨论不经意间爆发。这是一个激动人心的真实的动态学习的例子。学生们使用从课堂中所学到的知识，运用之前阅读时学习到的事实，问题无处不在，不同的观点被分享，他们每一个人都沉浸在持续的学习中。

但是，在它开始的几分钟之后，老师便打断，停止讨论。"我想继续我们的谈话，"他若有所思地说，"但我们不能，也许有其他的时间？"维尔特先生提出关于模拟测试的主要思想和支撑证据的问题，以便学生可以继续准备他们的测试。

这个普通教室的令人沮丧的真正情况似乎是根本不存在"其他的时间"。课程目标需要达成，教材要完成讲解，基准的满足以及（最糟糕的）可怕的标准化考试日期，这些都排在前头，你的学生必须准备好。

失去热爱

我打赌教师为完成一年中的以下活动中任何的一项都是教师最大压力源：让学生符合标准，帮助学生做好标准化测试，或让学生期待年度进步。

这是这个时代的责任，教师承受着巨大的压力（特别是州评估的材料），以确保他们的学生有足够的进步。那些教科书应该教完了，那些测试要提上日程了，它们变成了恶魔，夹在教师的高跟鞋中。但是，所有的老师都只想静静地去教书。这个以当前的测试为中心的教育世界令老师们失望、沮丧并导致许多教师的失败。他们离开这个职业。像许多其他的老师，你可能被满足期限和处理问责给弄得筋疲力尽和充满压力，你可能觉得你的课堂变成应试训练营了。

各就各位，预备

从开学的第一周开始（甚至更早），老师们似乎就开始向终点线冲刺了，这一周在学生来之前徘徊于学校的任何人都可能会听到发令枪。你或许真的会穿上你的跑鞋（也许你得考虑旱冰鞋）。在课堂中，时间是宝贵的。似乎从来没有过足够的时间——因为有太多的事要完成。老师们知道他们必须要把所有的课程安排好，通讲教材，为标准化测试做好准备，看到学生取得进步。同时，好的教师知道学习是急不来的。他们知道，发展从来都是不平衡的。他们也不想错过那些美好的时刻，比赛应该停下来，可以去探索意想不到的事情。

这一章是关于学生需要增长的经验，他们的期限和期望如何被满足。安排课程和评价进步与有质量的教学并不是对立的。接下来的几页中，给出了几个既能达到"终点线"，又不总是处于竞技状态的建议，并且你和你的学生不再处于压力爆棚的模式下。

开始前我们有一些注意事项，当你读本章的其他部分时也要记住。如果你以这七个原则作为基本规则，你将有一个更好的机会在以下活动中成功——安排课程、完成大部分的教材，而且让学生处在最好的状态下进行评估。

1.调整你的态度。 许多教师花费大量的时间和精力担心和抱怨课程、标准化考试、标准和评价期望。 好像如果他们抱怨，这些负担就会消失。 对于完全遵循教材、严格的课程设置、过分重视标准化的考试分数也有很多的争论。 但实际上，这些东西可能就是你的学校要求的，所以不要浪费时间抱怨。 节省你的能量。 你可以在合理设置学校与这些相关政策的关系的学校里工作。 除此之外，采取这样的态度：你可以在一个框架下工作，为学生提供宝贵的教育经验，让那些测试、课本和期望能够为你工作，而不是控制和困扰你。

2.明确你的目标。 目标不应该是简单学完教材，或通过下一个单元的测试，或准备考试，而是培育有人性的人。 给他们可以根据自己的需要、用自己的方法与节奏学习的环境、工具和学习支持。 关注有意义的目标，这才是你的工作的主旨所在。 你会了解如何使用课程、教材和测试来实现这些目标。

开心一刻

两个老师当值，要把学生都赶到教室里，然后回到操场放置设备。他们正把排球网放下，这时听到一声怒吼。一个大美洲狮站在校园边上，准备跳向教师。朱莉安打开了她的背包，把跑鞋拿出，穿上。"你在做什么？"她的同事喊，"你不可能跑得过美洲狮！"

朱莉安回应道："我不需要跑得比美洲狮快，只需要比你跑得快就行了！"

3.不要浪费时间。 珍惜每一分钟的教学时间，不要想当然地认为升学第一周就可随意浪费时间，而要严肃地对待。 放弃以下想法：学生们在假期前一周不会学习，假期后一周也不会；实地考察的前一周也不会，实地考察后的一周也不会；回家的前一周也不会，这就要三周了，或者学期结束前再算上一周。 你可能会发现，你有这样的"其他的时间"继续进行讨论，或探索一些奇怪的理念。 注意原则5、6和7，它们会帮助你更好地利用宝贵的课堂时间。

4.偶尔花时间讲些其他知识。 要灵活些，有时，最好的事情是偏离你的计划的，抓住一个瞬间，教一些学生期望知道的东西。 当灯泡出现在学生的头上，大脑的燃烧点燃了它——这是一个很好的比喻，老师应该抓住机会，而不是像本章开始时那个五年级的老师那样过分紧张。

教室不是静态的体育场或会议室，而是这样的地方：

- 当直升飞机从头顶呼啸而过时，孩子们会冲动地跑到窗口。

- 不是直线的、秩序井然的持续性的思考，而是像大回环、翻筋斗或其他样子。
- 一个七年级学生的数学课是否听懂可能要看他昨晚有没有打电话。
- 一只从外面跑进来的兔子可以让整个学校为之疯狂。

当然，这些事情并不是实际意义上的浪费时间，可能会让你走弯路，但是，理解这些才是良好的教学。

5.做一个好的管理者。良好的管理会减少时间浪费。数百名专家的研究和教师的经验证明：在课堂教学中，课堂上很多的时间并不是用在教学活动，而是在如开始、组织、解决争议、进行过渡或者照顾小的细节上。固定的（一贯执行的）合理的课堂程序，可以把时间浪费减少到最低。仔细检查课堂中浪费时间的做法，想想你如何改变，如何节约时间。如果你能顺利把控课堂，你会有更多的时间教学生需要学的东西。

6.保持联系。你花在尊重、关心你的学生的时间将成为良好教学的时间。在大多数情况下，当学生确信你能看见他们并将他们视为个体时，他们将容易把学习行为做得更好。减少与学生的纠结、错误的沟通或者与照顾面子等问题上的时间——看看你完成了学习目标的情况。

7.保持学生的积极性。当你的课堂由于充满活力的学习活动而生动，就可以少浪费时间。如果学生有动力去学习并积极参与课程，你就不会有赛车通过泥浆那样的感觉。计划学习相关的活动，让学生拥有多样的学习水平和风格。你将用更少的时间来强调这些重要的观念，因为学生会记住你所教的东西。

源于教材的压力

2003年，史葛劳埃德在爱丁堡创下了新的马拉松世界纪录。不过，这是最慢的时间，6天4小时30分56秒。他是凭什么获奖的呢？他在马拉松比赛中穿着130磅[①]重的深海潜水服，相比于火车，他每天走9个小时，每小时半公里，他花了5天时间完成了伦敦和纽约马拉松比赛。在爱丁堡比赛中，他身穿中世纪盔甲完成马拉松。

（时代的标志，2003）

---

① 1磅＝0.45369237公斤

第七章　冲向终点线

在一年结束前，你试着把教科书的所有内容教完吗？ 如果是这样，你会觉得好像正穿着金属衣服在黑暗中跑马拉松。 即使你把下午的时间也用上，把午餐时间也用上，不去上厕所（不管是什么原因），你仍然不可能把内容上完。

一些老师（甚至整个学校或学区）完全依靠教科书，新的老师倾向于依赖教材，但是得有一些智慧。 紧紧地跟随教科书为新教师编织了一个安全网（或安全毯），直到他获得经验和信心。 在这种情况下，一本教科书确实是最好的朋友。 但是，无论你的经验和水平如何，要问自己这些问题：

我对我的教科书过分依赖了吗？

完成教科书的页数与我作为老师的价值相联系吗？

我放弃了我的教学信心或权威，就因为这组教科书的作者可能更有经验，在更多的不同类型的学校中教过书吗？

这种教科书的比赛增加了老师的压力。 不管这压力来自教师自己还是学区，完成教材的压力就促使教师赶教学进度。 目标变成了课本的最后一页，而不是有效的教学。 看看下面这本世界历史教科书所涵盖的主题（这些将带学生回到15世纪）。 想象一下，试着教这些，不管深度如何：

美索不达米亚古河流域

古埃及伊斯兰教信仰的扩展

印度教摩亨佐达罗遗址

前哥伦布时代的美州

在古代罗马生活的一天

封建的路途

尼日尔河流域的历史

中国的丝绸之路

非洲的马里和桑海

希腊剧场阿兹特克人的秋天

撒哈拉沙漠贸易路线

玛雅人的秋天

波斯帝国

日本封建制度

黑暗时代

人道主义

文艺复兴

拜占庭帝国

如果你走到历史老师的教室门口，看到他因为订书机的钉子跑了出来在无法自控地哭泣。你现在明白了，不要说你确切地知道那个老师正在经历什么。只要放一盒新的纸巾在桌子上面，然后慢慢地离开就是了。

有效教学的定义有很多，大部分包含亲身经历、与真实世界的联系、学生参与、以脑科学为基础的策略、建构在以前的基础上的知识、系统介绍、差异化的活动或正在进行的形成性评价。然而，我从来没有看到过一个有关整理教材的策略的有效定义。

> **新教师小贴士**
> 回顾你的教材的版本和内容。对能支持你的课堂和评价标准的部分做一个计划。不要认为你可以覆盖每一页甚至是每一个章节。另外，向几个老教师请教，看他们是怎么利用教材的。

好的教材的益处

完全否认教科书是错误的，下面是教材的一些好处：

- 教材让教师知道用哪些适合学生等级的材料来教和什么时候教。
- 教科书节省教师的时间，创建并准备让学生使用的活动和任务。
- 教材作为新教师的基础，能保证新教师按正确的课程执行。
- 教材提供的课程理念是与国家和州立标准一致的。
- 教材的信息是系统化的，是采用支架式教学的。
- 教材的作者是相关方面的专家。
- 教科书可以提供目标、评估、作业、所需的必要技能、作业建议、高级思维的挑战、规则和新的教学策略。

另一方面

优点也有可能变成缺点。这里有一些教师应该思考的真正的问题：

正方：我不必另起炉灶。

反方：我的四年级学生根本不知道几何,因为我从来没有教到过数学书的最后三章。

正方：教科书节约了我最宝贵的东西：时间。

反方：课程是如此的"一刀切"。

正方：比我更专业的人制订了教学计划。

反方：所谓的专家对学生而言是否也是专家？

正方：已经为我准备了学习活动。

反方：建议分配的作业,似乎没有多大的变化。

正方：如果我经常使用教科书,信息序列是为我准备的。

反方：如果一直使用教科书,学生会感到很无聊。

明智地使用教材

因此,你应该在多大程度上依靠你的教材？你应该急于教完一切吗？这本书不能为每一个老师回答这些问题。你需要权衡你的需求、学生的需求、学校的需求、你的课程范围的需求和你的教学风格等。但要考虑到你与教科书的关系是否对你的学生来说也是正确的。这里有一些想法和提示,可以帮助你找出你自己的答案,同时,减少你使用教材的压力。

• 我们的教材并不是你教学工具箱中的唯一工具,这个想法便是一个错误。没有必要使用其中的每一个字,每一个活动,或教材的每一个单元。大多数教科书的目的是给老师和学生一个选择的集合,把它作为蓝本。这是一个课程的引导,而不是整个教学过程。

• 通常文本是一种具有具体特征的重要资源,如一个概念的关键的想法,相关词汇,相关的视觉效果,深思的问题,教学序列,目标陈述,定期检查,试验段,一个强大的参考表,简明的总结,信息,图形,图表和实践的工具等。好好利用这些特征,让你的学生学习得更好。

• 每一个学习者都不同。一些有阅读困难,一些通过视觉或音频学习最佳。严重依赖教材的一个问题是,它可能抵制差异化教学。纠结于书面文字或阅读水平低的学生可能会迷失于教材的作业中。用批判的眼光查看你的课堂教材,不要害怕修改或调整教学,以满足学生的需要。

•在许多情况下,现有的教材都是过时的。仔细检查你的教材中过时的内容或错误。在许多学科(特别是数学和科学教材),教材可能并不是真实生活经验的最好来源。计算、实验或探讨问题,测试项目或例子,是可以超越教材的。

•用其他资源来补充教材——如计算机软件、白板程序、网站、博客、新闻文章、视频剪辑、访问演讲、杂志、书籍(包括与你的课程有关的休闲阅读的书籍)和基于学生的项目。

教师小贴士

我将教材视为最主要的教学工具。但是我为每一个章节计划了别的:手上活动、创造性体验、技术的应用。这些引起了我的学生的兴趣。

——库特,德克萨斯州

这是一些教师在使用教材时遇到的问题和解决方案,可能会帮助你解决一些问题。

问题:

霍夫曼先生:我的学区要求我们使用社会教科书,要完成内容的90%,关于这个项目他们有一个巨大的财务承诺,不想看到钱被浪费。我明白,这个教材是挺好的,但这意味着学生对本课题只有一个视角,我怕他们的观点不完全正确。

解决方案:

继续按照学校的要求教你的教科书,但使用其他的10%作为补充,用不同的方法为学生提供各种各样的其他来源的信息。同时,一定要有丰富的体验,让学生分析、评估和设疑,使其在现实世界中的应用得到体现。

你要知道许多问题都是好的征兆。问题意味着正在取得进步、过程正在推进、正在向目标迈进。当你没有问题时你要小心了,你或许真的有问题了。

——斯考特·亚历山大,专家

问题:

沃格特女士:我们的教材都是过时的。由于区预算紧缩,看上去好像并不能马上更新。更重要的是,这本书水平很低,我知道我的学生需要更多的注重事实的问题。

解决方案：

试着用你特定的教材，只作为参考。 补充你的指令，用大量的其他资源。 也许你可以与你的年级组收集现有的资料，不要忘记分享你的发现。 创建你自己的问题，要求学生使用高级思维技能。 给学生写作内容或项目，要求他们研究事实和事件，让他们参与"更新"。

问题：

兰女士：我自己真的很喜欢我们的科学教科书，信息是经典的，演示文稿逻辑清晰。 然而，文本的语言对我的学生而言太难了，他们甚至连一半都读不懂！

解决方案：

阅读选择的内容，每一段后，停下来并用平易的语言总结教科书说了什么。 把课文分成小的可以消化得更快的部分。 将可以理解教材的学生与不能理解的学生组对。 以一个班为单元讨论该材料！ 此外，补充对学生的阅读水平有提高的材料。 添加许多其他各类材料——听觉的、视觉的和体验的。 收集更多的材料，让学生对概念理解得更好。

问题：

库思夫人：教材是好的，但它没有考虑到我的学生的一些背景知识，每一个新的话题对我们似乎都是新的开始，我发誓，该教科书的编写者肯定认为学生以前从来没有去过学校！

解决方案：

提前准备教学课本，修改和调整背景知识。 对学生已有的背景知识做一个快速的回顾，并且迁移到新的领域。 但这里要小心，不要假设你的学生只知道旧信息，考虑做一个快速的测验，以口头或书面的形式，只是为了可以确认某些方面内容的掌握情况。

问题：

韦斯太太：关于文学教材的格式我有一个问题，每篇阅读后的选择问题的答案是非常明显的，都可以在文本中发现。 我的学生可以在完成作业的同时与另一个学生对话，仍然可以得到所有正确的答案！

解决方案：

你必须超越教材为学生建立问题解决和其他扩展活动。 不要给忽视他们的高层次思维的机会，不要因为你的课本上没有便作罢。 一旦你创建了这样的机会，一定要让它们出现在下一年的课程中。

源于考试的压力

> 我上学的时候从来没有过这样的事情。我有一个学士学位，一个硕士学位，现在在攻读博士学位，我的教育经历似乎不曾遭受过这样的事情。

> 这就是孩子一年教育的指引者，为什么这么重要呢?

> 我忙着准备学生的考试以至于找不到时间来教"细枝末节"的事情，像什么科学和社会的研究。

> 我每天工作十小时，每个周末都在备课。我的工作底线是基于学生的生命质量。

这些老师在说什么，让我们一起说吧：
"高风险的考试！"
这对老师意味着什么？ 跟我一起喊出来：
"高风险的测试意味着老师压力大！"

考试是一个热门的话题，而这个话题导致教师脾气暴躁。 这本书的两位作者，每一个都可以写一本书来谈谈对于我们听到的关于标准化测试的争论。 你可能参加了这种争论，并发出了这样的感叹。

是的，大多数教育工作者认为，这是评估学生知识重要的一点。 我们知道，我们必须设法找出学生知道些什么，学会了什么，好的教学整体是与良好的持续的评估是一致的。 这与测试是不是热点问题无关。 但是目前的趋势却令人担忧。 公立学校里没有重点的标准化测试对教师造成了如此大的压力（同样，大多数情况下，对学生和他们的家庭也造成很大的压力）。

压力上升

在有教育的地方总是有问责和考核，但在 2001 年启动了不让一个孩子掉队的法案后，也打开了几个缺口。 不仅是学生的成绩可以在上一年度的基础上，进行可测量的监控，学校和老师也可以很好地评估了。 NCLB——《不让一个孩子掉队》法案包括：

- 到 2014 年，每一个孩子都能在核心学科领域达到年级的平均成绩。
- 州需要创建学术标准，以达到上述目标。
- 创建阅读和数学标准，在三至八年级进行评估，至少有一次在高中进行。
- 在 2007 2008 学年度就开始，科学标准也进行测试。
- 缩小教育的鸿沟，尤其是少数民族、有特殊需要和低收入的人群。

（美国政府，2001）

这项发生学校为了完成这些目标的运动被称为 AYP（足够的年度进步）。学校的 AYP 很大一部分来自绩效评估。

一个公立学校的教师（或管理者）的压力是很大的，测试结果可与学生就业、学校评级、资金分配甚至教师和领导者的绩效挂钩，甚至涉及教员的饭碗。在这样的压力下，许多老师直接给学生答案。 在考试的日子里，教师给学生吃维他命，甚至发生学校的官员篡改测验答卷的案例。 当然，大多数教师和管理者并不篡改答案，但至少他们感到被迫要进行与考试相关的教学。

在 2008 年秋天，纽约市教育部门开始把小学和初中教师对学生的评价与数学和阅读测试成绩相关联，老师可以获得一个"平均"或低于平均或高于平均水平的评级。 这本来是一个考察期，纽约州教育部门承诺，评级结果不会公布，也不会与工资挂钩（费提戈，2010）。

2010 年夏天，洛杉矶时报发表了基丁学生表现的教师评级标准，包括教师的名字，完整的测试（费尔克，宋，史密斯，2010）。 仅仅一个月之前，在一个所谓的新的评价体系下，华盛顿学校校长解雇了 165 名教师，老师负责对学生的考试成绩问责。 她还警告了另外 17% 的教师，如果明年他们不提高自己的记录，就会失去自己的工作（拉文，2010）。

不是每个老师都受到这种极端的威胁，但尽管老师的名字并不是这个事件的一部分，公共媒体发布学校的考试结果却可能成为常规。 美国所有的公立学校，都得在不让一个孩子掉队的法案下运作，这包括学校期望的学生每年适当的进步，AYP 作为年度的州的测试，甚至决定了学校的生存。 这也难怪教师和管理人员有压力,难怪教师"为考试而教"。

鼓励高分数,许多州把测试结果与对学校的认可和资金结合起来,对教师和管理者提出了绩效工资,提高成绩的财务奖励,学习改善的学生得到更高的金钱奖励,以及职业发展的机会。 在一些学校,整个社区都参与到这种竞赛中,活动完成时奖励T恤和庆祝活动。 校长和州代表已经答应,如果考试成绩提高了的话,就剃光头,花一天时间待在学校的屋顶或穿恐龙服一周。

随着对考试成绩的重视,一年一次,一天或几天,课程计划和教学目标越来越集中于基准事实,或教师要知道考试的标准。 教师会认为考试就是学生应该学的内容,他们认为准备考试就是工作的重点,这样他们反而觉得舒适。 但压力也会随着这种认识而增加:

尽管所有的注意力和精力都集中;

尽管所有时间都专门用在教室里;

尽管给学生和家长培训考试的重要性;

尽管把钱花在软件程序上,保证更多学生的成绩进步;

尽管有额外的补偿,可老师还是挥动教棒,煽动学生取得更好的成绩。

开心一刻

一个六年级的教师团队从期中考试答卷中抄下了一些可笑的答案:

如果你能够吸气,你就会受到鼓舞。如果不呼吸了,就完了。

输入能量前,你应该知道能量是正的还是负的。

一个逻辑符号是当你不知道你所说的是什么时用的。

磁铁是围着死猫爬行的东西。

细胞复制的过程称为口臭。

在实验室收集硫磺气体,在试管中点燃火焰。

一朵花的手枪是其对抗昆虫的武器。

约翰·F.甘乃迪骑着鱼雷艇在特拉华河开始了美国革命。

这是一个众所周知的事实,死者的身体伤害心灵。

要清除眼睛里的灰尘,就要把眼睛放在鼻子下面。

在许多情况下,无论是教育质量还是成绩都不会提高。 在好好教学的同时,也要接受现实。 无论你对标准考试相信与否,你必须要应对它们。 它们是你工作的一个因素,是你的学生的生活,并且这个因素不会马上消失殆尽。 当你平静地接受它时,你的压力会减少。 做一个你要如何去处理它的方案。

我们可以提供给应对"考试"的最好的建议是这样的:把重点从考试移到课

程与教学上来。教你的学生他们需要知道的知识，用他们可以学会和记住的方式，他们可能会在测试中做得更好。

这里有一些技巧来帮助你

1.知道你的学生需要学习什么。熟悉你的课程的序列图，对于年级和学科领域也是如此。对于个别学生的学习要给出有用的指南。

2.知道州和国家的期望。确保你在州标准内对学生的水平和学科领域给予良好的教育，要知道州的要求，了解概念的种类和学生能够判断的基准，熟悉考试的模式。

3.建立一个合理的、合适的课程。与同事合作，设置或理解课程指南。有规划地去计划和教学学生需要的重点概念和技能。克服花大量时间完成对你很有意思的事情的冲动。这并不意味着你不会教迷人的主题和有建设性的单元。这意味着，你必须把那些诱人的主题与你的学生需要的东西相联系。使用策略，如课程定位，或向后的课程设计，保证你的学生将会仔细设计学习方案。

• 课程映射图是一种审查组织和表述当前学校或学区的课程教学计划的一种方式。映射图将会展示每个教师的技巧和目标，展示计划的教学活动，为教学目标设定时间表，与学校的校历相连接。

• 当你们一起来规划课程时，你也许会超越由其他地方、公司或州里的所谓专家的建议，你的学校的老师才清楚现在课堂里究竟在教什么。映射通常始于拥有学校或州的视野的课程团队，从他们的工作可以看出他们的愿景是可行的，有可利用的资源。下一步，所有教师提供有关内容、信息技能和评估，这都是关于它们是什么以及是如何在课堂上使用的。

• 课程序列是将此年级水平与所有年级水平做对比的一种方式。全学校或全学区的课程映射图的魅力在于对序列有一个简单的了解。横向的课程序列保证教师的同等级、同一时间遵循相同的序列。当课程与州的标准和状态评估相对应时尤其有效。纵向的课程序列显示了所有年级所用的内容、技巧、流程和评估。这样的检测可以确保没有缺陷，不浪费时间，不必要重复学生已经掌握的前一级的内容，这也让老师建立在以前学过的概念的基础上。

• 逆向设计（或反射映射）是最终目标，也是规划起点的一个过程。一旦老师知道课程是引导性的，他就能确定如何告诉你，学生该得到的目标和学习经验，这将帮助他们了解需要学到什么程度。以下步骤总结了这个过程。（案例见"向后设计的课程模板"工具条，在本章的结尾。）

> 我的老师说我需要制订AYP。我不知道那是什么，或许我可以在购物课上知道那是什么。

步骤1：确定学生可从课程中获取和使用关键知识、技能和理解。（应该知道些什么，了解什么，并能够做到。）

步骤2：确定你将如何衡量学生是否实现了这个最终目标。（有什么证据证明学生学会了吗？ 你将如何识别？）

步骤3：确定具体的、吸引人的活动，可使学生实现目标，并提供支持过程的材料。（你会做什么来确保他们知道、了解，你能够确定吗？）

4.充分利用大脑的计划。 提高头脑竞争的原则，这样你就可以用学生真正能够理解和记住的方式来讲授概念。 激活大脑，从而达成目标，达到标准。 然后你就不会那么担心，学生在面对新情况——包括考试时能力会有保留。（见"大脑中的课程""邀请式学习""基于大脑的学习"教案模板，这些都是在本章的最后部分能够找到的工具。）

5.与学生分享期望。 学生有权利知道他们将学习什么，方向是哪里。 把基准解释清楚，他们应该知道会用什么样的标准来评价。 告诉他们什么是良好的行为，当他们知道期望后，会学得更好。 给他们一个课程目标或标准的清单，让他们检查这些，看看掌握了没有，这样有利于教学。 通常，这些东西都是学习者最需要知道和了解的，然而却经常成为秘密。

6.不要等到大的考试才去评估学生。 进行定期的、成形的、全年的评估。使用多种策略来检查学生知道什么和可以做什么。 你将获得学生的丰富信息，你会看到他们得到了什么，他们缺失的是什么。 这样你可以及时调整你的策略，以保证他们获得所需要的理解。

7.与学生谈谈考试。 学生对于标准化测试有各种各样的焦虑，他们听到了太多来自家长和老师对此的烦恼和意见。 他们常常困惑于考试是为了什么或者考试包括什么。 解释为什么他们必须参加考试，向他们保证，考试就是测试他们已经学习的东西。 让学生练习回答类似的问题，选择答案，讨论如何选择答案，在遇到类似题目之前，帮助他们建立信心。

> **教师小贴士**
>
> 我有一个伟大的想法,这是我在大学里学到的。它有助于减轻我帮助学生准备标准化考试的压力。让学生进入虚拟化的房间,四周都是你所教的学习课程,在这些房间里,有学习的信息,带来的生活概念,他们迷上每一课,并证明他们学了什么。这个游戏房屋用一种非常具体和令人兴奋的方式,有助于学生学习和加工将会出现在他们的考试中的概念。
>
> ——杰奎琳,纽约

激情重回

放松! 熟知你的课程目标、标准和期望,了解你的学生以及他们的学习风格。 计划好教学,创造性地讲授他们所需要的标准和概念。 重点通过积极的学习经验来激励和吸引学生,他们会记得你所教的。 为学生的成长而努力,而不是只为了分数。 这是确保你的学生做得好的最好方法。 当你觉得,你知道你的学生需要学习什么和如何控制学习,你的压力将减少。 积极的、前进的、动态的课程计划是抵御恐怖考试幽灵的最好的防御。 当教材、考试都是你的朋友,而不是你的敌人时,你可以重拾信心。 当你这样做时,你会唤回对情感、教学过程和你的工作的激情。

我的建议

在最近一次研讨会上,领导一开始便让老师描述他们在这一学年中在这一点上的感觉如何。 他们回答说:"压力""耗尽了""筋疲力竭""沮丧"。 然后领导者温柔地推动参与者进行有点傻的游戏,虽然最初有些不情愿,但最后老师都被吸引到有趣的游戏中。 当比赛结束后,领导问"你现在感觉如何?",参与者大多感觉"轻松""通电一样""有希望"和"快乐"。

这提醒了我,压力对我们的身体所征收的"税",也提醒了我放松紧绷的肌肉和物理刺激头脑的活动可以带来积极的感觉。 所以,为了你自己的幸福,为你的学校生活增添一些活动。

- 将车停到学校最远的停车区,步行到你的目的地。
- 爬楼梯,而不是坐电梯。
- 休息时走出办公室玩一下套圈或与你的学生玩一个游戏。
- 午饭后绕着你的教室走一段长路,在学校的走廊散步。

工具

178：脑海中的课程
179：逆向设计
180：邀请学习
181：我的作业食谱
182：关于测试的建议

脑海中的课程

教师自我反思教案

是或否	让我们知道什么是大脑记忆法的课程，我将对我设计的每课或每单元提以下的问题
	我是否在一个安全和压力平和的状态下准备和提供如下材料？
	学习活动刺激了很多的感官吗？
	有笑话吗？
	学生有机会合作和讨论吗？
	这种学习体验引起了某种类型的情感体验吗？
	每个学生都有机会将概念转化为另一种形式或以某种形式教另一个人吗？
	概念与实在的图形相联系吗？
	我的与该概念相关的策略与另一个熟悉的概念或先前的学习材料相连吗？
	该概念与学生的实际生活相关或者能否引起兴趣？
	该学习体验与运动、节奏和音乐相关吗？
	我想用颜色来固定学生的长期记忆吗？
	这个呈现包括了某些新的或者对学生的大脑有相关的刺激吗？
	每个学生的学习活动有挑战吗？
	有没有提供足够的帮助，从而不让学生感觉到有失败感或者压力感？
	我安排了时间及方法，让学生将他们所学与自己的生活与知识相联系？
	为即将到来的学习，提前告知了学生学习目标和期望，是这样吗？

逆向设计

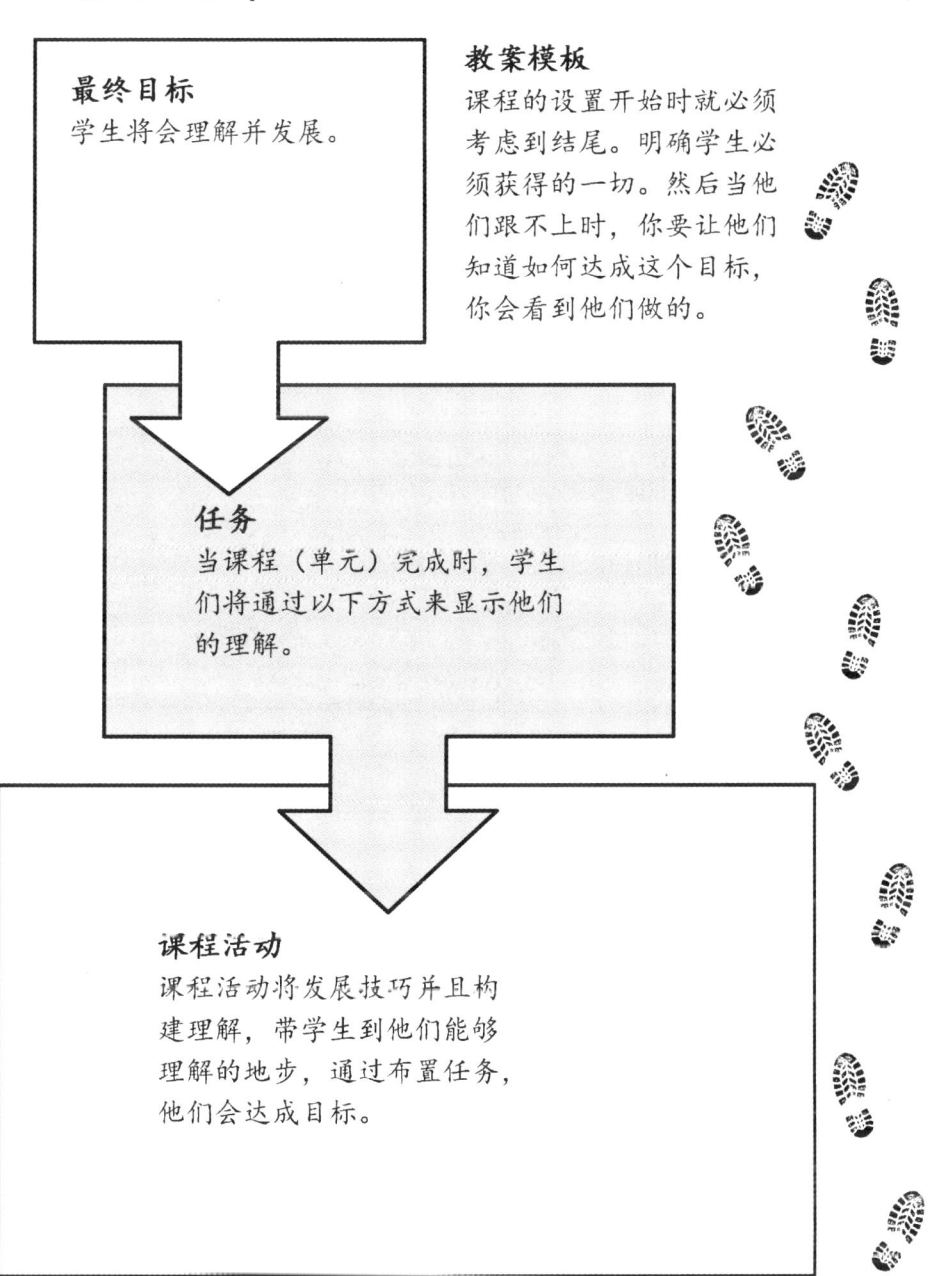

最终目标
学生将会理解并发展。

教案模板
课程的设置开始时就必须考虑到结尾。明确学生必须获得的一切。然后当他们跟不上时，你要让他们知道如何达成这个目标，你会看到他们做的。

任务
当课程（单元）完成时，学生们将通过以下方式来显示他们的理解。

课程活动
课程活动将发展技巧并且构建理解，带学生到他们能够理解的地步，通过布置任务，他们会达成目标。

邀请学习
基于大脑的学习课程——计划模板

课程题目或主题 _____

每门课都将邀请学生进入以下空间

入口
在一个需要抓住学生注意力的地方，我将吸引学生的注意力

办公室或者图书馆
一个让学生听、看、体验或研究的课程
理念和信息将要通过这些方式来获得：

厨房
一个让学生动手实践的地方
学生将会通过以下的方式来参加活动：

家庭房屋
一个让学生反馈与庆祝他们所学东西的地方
这些是一些元认知策略，用来让学生思考他们的学习：

这些是学生显示他们所学的方法

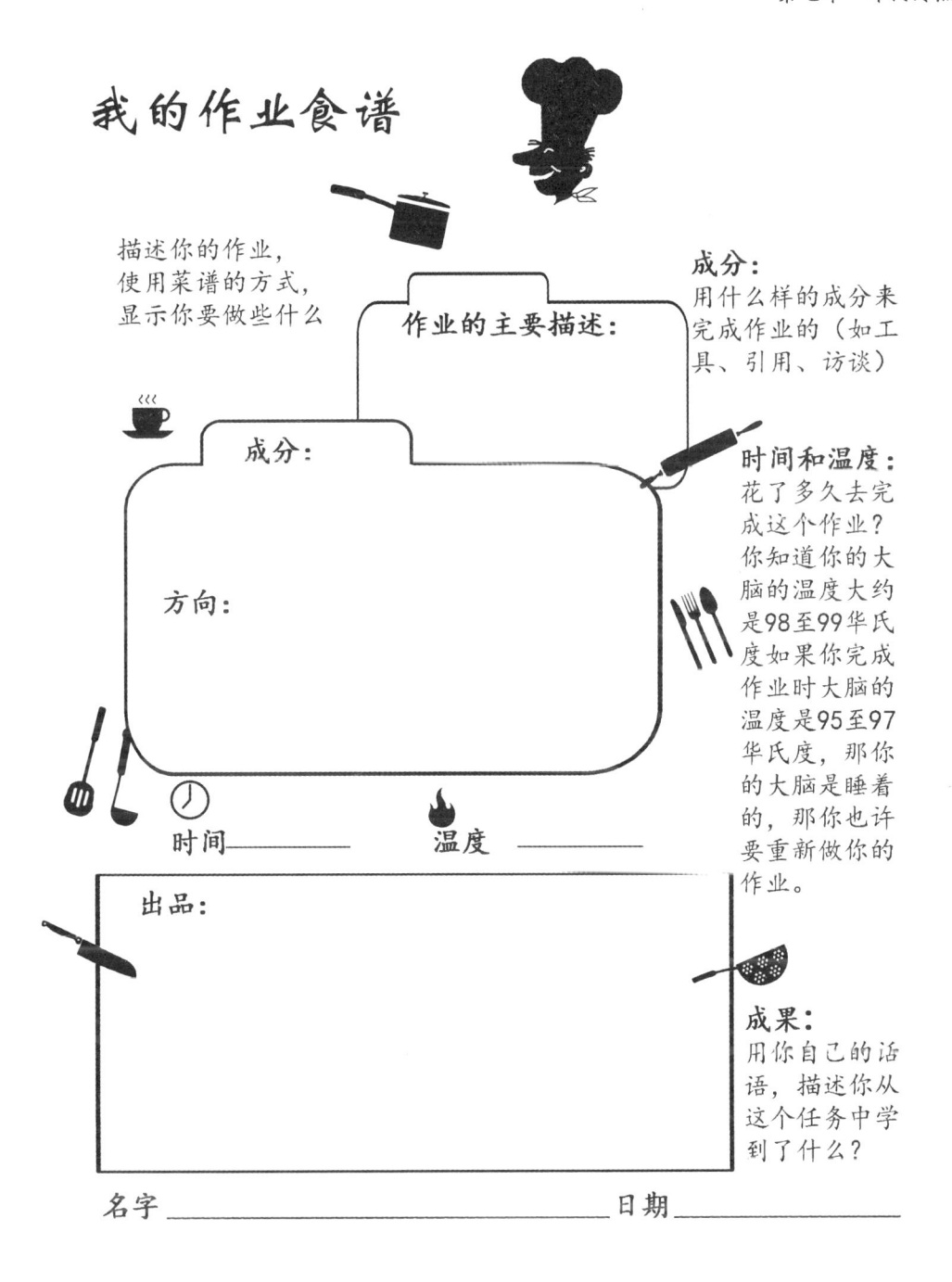

我的作业食谱

描述你的作业，使用菜谱的方式，显示你要做些什么

作业的主要描述：

成分：
用什么样的成分来完成作业的（如工具、引用、访谈）

成分：

方向：

时间 _____   温度 _____

时间和温度：
花了多久去完成这个作业？你知道你的大脑的温度大约是98至99华氏度如果你完成作业时大脑的温度是95至97华氏度，那你的大脑是睡着的，那你也许要重新做你的作业。

出品：

成果：
用你自己的话语，描述你从这个任务中学到了什么？

名字 _____ 日期 _____

关于测试的建议

给家长的一封信

亲爱的家长：

明天学生将会有关于_____的考试。为了让您的孩子有最佳表现的机会，请您看看他是否：

有一个由"促进大脑的食物"（见下表）制成的晚餐

有充足的睡眠（考虑一下将睡觉时间提前一些）

有吃健康早餐的时间（或"促进大脑的食物"）

避免吃"远离"清单中所列的食物。

谢谢您帮助我为学生的考试做准备！

促进大脑的食物	
香蕉	瘦牛肉
花椰菜	糙米
香瓜	鸡
坚果	鸡蛋
牛奶	金枪鱼
小麦胚芽	酸奶
蔬菜	燕麦粥
橘子	花生酱
豌豆	全营养谷物
罗马生菜	鲑鱼
火鸡	小麦胚芽

远离清单	
苏打水	玉米糖浆
高糖食品	高糖饮料
氢化脂肪	白面包
白糖的谷物	脂肪和油腻的食品

第八章　校长就永远没有压力吗

我当上校长的第一天，即将离任的校长回顾了所有关键的政策和程序。然后，她关上办公室的门，把声音压低对我耳语，"你需要知道的最重要的事情是这样的，"她慢慢地说，"有一个后门在你的办公室里，你得有一条计划好的逃生路线。"

我笑着给了一些含糊的回答，说："我的门会敞开，任何老师、家长、职员和学生我都会欢迎他们任何时候来到我的办公室。这将是一个充满友谊、合理建议和笑声的地方！"

两年后，一些有创意的策划人为我设计了一个紧紧挤在一起的巨大的文件柜，共有三条逃生路线（如果算上躲在书桌底下就有四条）。

校长代表所有的领导和管理方面的要求，此外，他们是学校的公共关系专家。他们代表社区、学校、家长、教师、工会和许多学校相关的组织。而且，在空闲时间，他们要做的事情包括管理预算、一个舞蹈团的监督、监督人员、哄哭闹的孩子、更换保险丝、监督学校改进计划、照顾三年级的宠物蛇等。

> 你有一个敞开大门的政策，但你的办公室却总是关着的，那么你就是一个处于压力下的校长。

失去热爱

它可能会逐渐发生，或者它可能会很快发生。乐观、热情、希望被重担在肩的行政生活逐渐消磨完。漫长的日子，晚上开会，周末的责任，各项责任，考试结果，文件工作（哦，文案工作！），更多的会议和抱怨——它们一起与和平和满足对抗。由于他们的超负荷，校长经常给了教师和其他工作人员很大的压力，在许多学校，很难说谁的压力最大，每个走廊中都充满着高度的紧张。

谁想做这份工作？

在过去的几年中，全国小学校长协会（NAESP）和全国中学校长协会（NASSP）有两个研究委员会委托招聘校长。研究不仅表明有效的学校领导与成功学校之间的密切联系，也证实校长工作缺乏合格的候选人。教育工作者不想担任校长的数字上升的背后的主要原因是：

- 新的课程标准。
- 考试的重要性上升。
- 对工作挑战的支持是最小的。
- 做工作时资源短缺。
- 工作补偿不相称。
- 工作职责的扩大。
- 管理人员缺乏足够的专业发展。

全美小学校长协会（NAESP）的执行董事文森特·费兰丁诺说："校长的角色发生了巨大的变化，放在个人需求的角度看，只有很少的人才愿意接手承担这些责任。"（NAESP，2004）

研究教育管理的加州大学伯克利分校教授诺顿格拉布说："学校校长的生活，绝对是疯狂的……我们生活在一个要求校长都成为英雄的年代，嗯，这个国家的任何生产线上并没有多少英雄。"（加特曼，2007）

如果要描述我的工作角色的列表，必须包括：身体培育厂管理者，教育计划者，家长、教师、学生的辅导员，纪律约束者，学校文化的塑造者，利益的专家，谈判家，一般经理，销售代表，预算员，教学领导，教育的倡导者，社区联络，人力资源代表，雇主，啦啦队队长，训导主任，政策的执行者，危机管理者，学生的朋友，工作人员中的一员，父母，麻醉别人的人，公共关系代表，和平制造者。

在过去，校长后备力量来自老教师行列。但是越来越少的人想要做这份工作，因为他们看到了工作量。薪酬的小幅提升与压力的提升不成正比。

毫无疑问，校长的压力增大了。这项工作超出了人们能够承受的范围，许多人被冲突、闹腾、困扰和文书工作所压垮，远离了他们对教学领导的设想。而且，这个时代，越来越多的校长被问责。如果他们不把学校带到标准的水平，就可能失去工作。所以难怪校长有这么大的流失率，有一些最好的人来了，这些人具有好的领导潜力，但却无所事事，孤独地待在那儿。

高位者的孤独

官方的工作描述和职责是足够令人望而生畏的，但实际上却很少这样，校长学校无所不教，在我担任校长的学校，我亲自……

站在一个老师与失控得要严重伤害老师身体的人的中间；

从回学校的停车场上追（抓）回贩卖毒品的青少年；

在学校工作日自己开车，去州监狱保释一名工作人员；

让30名愤怒的家长立刻进我的办公室（只有站立的空间），听他们的要求长达1个小时；

从一条邻居家的狗爪下将学生救出，之后，我却被狗咬；

处理两起校园火灾，我们处理的情景也并不符合任何的消防演习；

说服一位用枪指着分居丈夫的职员；

至少送十几个员工去急诊室；

监督在幼儿园门口安装兔笼的工人；

陪伴一个胆怯的职员去看妇科医生；

带着高烧、肿胀着的的喉咙在学校董事会会议上做演讲；

计划学校的两个同事的葬礼，出席学校的三个家长和两个学生的葬礼。

大多数的管理任务和问题——所谓的看似高尚场景的背后，不管在不在工作描述中，我已经单独处理了不少事。工作在这栋建筑中的教师与同事面临着相似的挑战，分享类似的奖励，但管理者却经常没有人同情，在这栋建筑中很少有另一个工作人员也有同样的问题。然后还有保密的问题，校长的许多压力源并不能共享，这项工作的自然隔离，让他们的情况变得更严峻，也有更大的压力。

校长们还必须让所有在他们学校的工作人员感觉有很重的责任，他们必须要为教师的计划、工作量和他们的薪水做决定。他们常常必须作为员工之间的一个缓冲区，或者在工作人员和家长及其他的管理者之间形成缓冲。校长发现，他们很难找到支持者和辩护人，校长的工作是寂寞的。

> 坏名声——与一个人或一件事相关的不好的品质或特征，一个负面的名声或载体。

校长的坏名声

同你一起去校长办公室：

如果你不守规矩，我会送你到校长办公室！

西瑞，停止下来，否则我会很快邀请校长到这儿来。

玛莎，校长在看你！

丹尼，你是不是想到校长办公室去一趟？

如果还这样做的话，珍妮，你就自己去向校长解释。

山姆，请护送麦克斯到校长办公室，而麦克斯，校长玛拉妮不会高兴见到你的。

我亲耳听到家长和老师对我说这样的事情，我得咬紧牙关尽量保证那个孩子不是在大厅里漫游的怪物，也不是找吃或者想找体罚的学生。最后，在一个商场，我听到妈妈对调皮捣蛋的儿子说："看到警察在那儿了没有？如果你不听话，他要带你去监狱。"我觉得这警察的感受我能够理解。

过分的要求、艰难的决定、累垮人的时间表还不够，所有一切让校长不得不获得"食人魔"的声誉！教师、其他工作人员、家长甚至同学都把校长作为一种威胁，或让孩子的行为成为"武器"或者其他可怕的"工具"。在许多学校，校长的名声是可怕的，也难怪，这可能是最常被重复的关于校长的笑话。

> **开心一刻**
>
> 你有没有听过母亲兴高采烈地跑上楼对儿子说:"该起床上学了!""我才不想上学呢!"儿子发牢骚说,把枕头放在头上,"我恨这所学校!老师不喜欢我,所有的孩子都是可怕的,他们取笑我!"母亲走进儿子的房间,打开窗帘,她回答说:"我懂了,儿子。但是还是得去学校。你是校长啊!"

走出办公室(给校长的建议)

显然,教师职业倦怠的危险来自压力,校长也是如此。这里有一些重要的事实(我只是提供给你研究,只不过你需要体验,并且与几个老师聊一聊就知道它们是真的)。

当他们知道自己的校长躲在角落里,教师就知道,他们的压力更少了。

校长往往是教师的主要压力源。

积极的伙伴关系是应对压力影响的最好武器。在学校中,有这样的一个伙伴关系,员工和校长培育一个和谐的环境,朝着相同的目标奋进。作为领导者,你可以通过两个行为改变这一切,一个与另一个惊人地交织在一起:

采取明确的管理和减轻自己的压力的具体步骤。

采取明确的减轻老师压力的、创建良好的学校氛围和关系的具体步骤。

这是我自己作为一个管理者的经验,我告诉你,上述的行为有着千丝万缕的联系。一个人的成功(或失败)会影响另一个人的成功(或失败)。如果你在减少自己的压力方面做得好,你会减少你给员工的压力,能帮助减轻他们的压力。当你建立的各种关系和促进策略对员工产生了积极的影响时,你就会有更少的压力。记住学生的成就也被大人的焦虑所影响。将老师的压力最小化,会改善学生的学习条件。

管理和减少自己的压力

这本书的大部分建议对校长和教师都很有用。要知道压力的症状和职业倦怠的影响,并在脑海中回顾前章。但也要有独特的管理压力的方法,这里有一些抗压力的建议:

• 一天找机会笑几次,你有太多的危机和严重的问题要处理,笑声会自动地消除生理压力,反映和鼓励着积极的态度,它会让你感到更有信心。

- 在办公室里听听音乐。选择一些令人高兴或抚慰你的音乐。许多校长推荐古典音乐,我发现,它甚至对学生也有平静的作用。让他们坐几分钟,只是呼吸和听音乐,其焦虑水平可能比你开始讨论时降低很多。不管是什么样行为的学生,被带到你身边都是如此。

- 花时间与学生在一起,他们是巨大的压力止痛药。与他们共进午餐、聊天或到大厅外散步。进教室帮助学生学习新的东西。

- 放一本好书在手边,每天花几分钟来读一章,读一个悬疑故事或讲一个好的笑话或了解一个有趣的事实。

- 采取一些短期的休息方式。试着深呼吸、放松或冥想。

- 把工作分下去!你可以分配工作量,让别人分着任务做。相信他们可以像你一样,能够自己完成这些任务。

- 分享领导和决策。你不必独自支撑一切。首先,你要有一个面对艰难情况的思想准备,从而想出更好的解决方案。第二,这方法将减少一些你工作的孤独感和隔离感。

- 不要拖延。再困难或讨厌的东西也不回避,有良好的时间管理的能力。

- 岔开一下。时不时在家里安排一下董事会或主管的许可工作。

- 有时放下一些学校的工作。你最好把你在学校的工作放开一下,花一个周末与你的家人或朋友一起。在一起时,就好好地和他们相处,远离学校的困扰。

- 规律地运动。一整天、晚上和周末的运动,对校长的付出要求也是挺高的。但这也是管理你的压力的关键。

- 走出办公室,不要成为孤立的一员。与老师和所有其他的员工聊天,也与学生接触。

- 培育你与员工的关系,如果能够保持这些关系——诚实、信任和尊重——会减少你的压力(他们也是)。

- 培育与其他管理者的关系。彼此支持并分享想法,计划在非工作场合享受这些同事的友谊。参加排球联赛或者一起上舞蹈课。

- 使你的办公室成为令其他来访者愉快的地方。坚持良好的照明,添加绿色植物,让新鲜空气进入办公室,保持整洁,让来客坐在一个舒适的地方。

- 有课外生活。与非学校的朋友花时间在课外活动上。

- 停下来,定期反思,问问你自己,你是怎么做减少压力这件事的。看一看自我反思的清单,"消除管理者的压力"在本章的最后部分能够找到。

> **老师对校长的减压建议**
>
> 我并不是在找朋友。我为很多的管理者做过工作,我发现很容易与那些友好、平易近人、有完整的幽默感的人成为好朋友。我认识的一些人是不可接近的、不可预知的,他们对于规则是机械遵守的。这类管理者就会增加工作环境的压力。
>
> ——经验丰富的小学老师,佛罗里达州

减少你的教师的压力

安大略州立大学的教育学教授理查兹,就职业生涯的第一个五年的情形采访了8年级的教师,来确定校长怎么做才能最鼓励他们(2005),最高排名是情感的支持(2007,5/6月)。教师是这样定义"情感支持"的:校长是令人鼓舞的、可接近的,能够让教师感觉充满力量和自信。老师认为校长没有做到感情支持的情形包括愤怒、消极、沮丧和对其成为教育工作者感到不自信。

根据这些访谈的结果,理查兹博士道出了一个校长的22项正能量行为,使用它们测量了100个教师。几年后,她用这个列表再次调查一组曾经教学6到10年的75名教师。5个主要行为或最有价值的行为(2007,1/2月)如下:

1.校长尊重和重视教师作为专业人士;

2.校长支持教师在处理学生问题时的做法;

3.校长有开放政策;

4.校长公平、诚实、守信;

5.校长支持教师与家长关系的处理方式。

宾夕法尼亚大学教育学院的教授理查·英格索尔研究教师离职的原因,研究结果表明,对于学校教师的行政支持水平是教师留在这个职业的主要因素(2001)。

约翰·B.克雷格探索了校长和教师的情绪智力与工作满意度之间的关系(聪明的校长会调节和管理自己与他人的情绪,并擅长建立积极的关系)。克雷格指出,如果校长有令人满意的高情商,教师会表现出对于工作更大的满足感和满意度(2008)。

这些研究中有许多教师的故事,来告诉我们校长对教师的士气和工作满意度会产生影响,无效的领导会导致士气降低、焦虑,也会让老师感到不安、轻视和不可信。当教师与一个称职的、支持尊重他们的领导一起工作时,他们的工作热情就更高涨,工作压力大大减小。

校长如何才能减小教师的压力

利用掌握在你手中的影响力，采取步骤减少压力、鼓舞士气，并帮助你的老师热爱自己的工作，做出更好的成绩。包括下列积极的想法：

- 注意"聪明"的校长特征。开发和培育自己的这些特点。
- 把你的教师视为专业人员，把他们当作知识的授予者，为他们的工作做准备。利用很多机会，让每个人知道，你看重他们。避免任何沟通中的强势或屈尊。
- 支持你的老师，并一直如此，在与学生及家长打交道的过程中支持他们。
- 给你的学校一条明确的纪律政策，培训老师如何有效地管理他们的班级，支持他们处理学生纪律问题。
- 诚实，公平，守信。努力做到被询问时你的老师会用这些词来形容你。
- 关心你的老师，将他们作为个体的人。这超出了打一场高尔夫球或者参加员工读书俱乐部那么简单。了解他们的名字、他们的工作、他们的家庭和他们的日常的习惯。（碰到有老师说，他们的校长连好多人的名字都不知道，我很吃惊，这种情况经常发生。）
- 建立并维护一个安全的、有纪律的学习环境，这将支持员工对学生学习的支持。
- 跟进。当老师看到一个明确的计划，有一个明确的方向，他们的压力会消失，他们的信任将上升。
- 制订明确的参数。人们了解了自己的界限后，可能有最好的发挥，即使他们对自己也不确定，不要让老师处于模糊或者游走的边界。
- 灵活。避免"一刀切"的领导方法。当一个校长对所有的问题采用同样的方法，压力水平就会上升。老师可能需要针对每个不同的情况用不同的方法。当老师与家长发生对抗时，一个老师可能需要校长站在他的一边，另一个老师可能需要校长站在他与家长之间。
- 不要过细。如果教师意识到你需要控制每一个学校生活的细节，他们会觉得自己的能力被削弱。
- 让教师知道信息。树立一个优秀的、你所有的员工都知道的预警、政策、计划和可变的时间表和期望的系统。不知道如何做是让人紧张的。
- 让人看见。与工作人员和学生打成一片。（不能把自己的名字仅仅放在办公室门板上。）校长可以被人看见，要花时间建立支持性的关系，让在学校的每个人都感到更安全，感觉和校长更有联系。

- 在场感。把门打开，不要对任何人隐藏你，不管是身体还是情感，工作人员如果见不到你会感觉空荡荡的。只是看到校长在走廊里步行，问候学生和教师，就会促进平静和自信的气氛。
- 树立解决问题要乐观冷静的榜样。当危机或问题到来时，不要夸夸其谈或恐慌，或增加已经在你的一些工作人员中存在的紧张，而要表明你相信问题是可以解决的。
- 保持信心。永远不要非议任何工作人员或他们的专业信息。
- 使教师休息室成为绿洲。让这一块地方成为愉快和平和的地方。而且，如果你能够提供一个安静的地方，教师不会在工作时间跑到其他地方去。
- 正视现实学校中的压力。具体计划（实施）减少压力的管理方案。让这成为你发展计划的一部分。
- 允许问题的存在。制订（实施）为改善沟通和解决问题的具体策略。
- 找到支持和帮助你的老师的方法。接手一个班，然后给老师一个喘息的机会。提供引导教师的思路、资源、材料。共享有效的策略。对于一些支持你的老师的其他方法，可参考本章结尾处的部分工具。

校长如何创造一个积极的感情氛围

只要处在一个积极的工作环境中，教师会更少地感到压力。校长拥有影响情绪成为积极或消极的力量。校长能够有效地管理其学校的气氛。

信任。许多校长承认，压力总是以某种形式在各所学校中存在，但压力是可以管理的。

计划。校长要有一个计划来实现员工工作压力的减少，计划涉及许多策略（教师休息室的笑声，每月赞助的运动项目，以及与压力相关的特殊的专业发展）。

通过实例说明。校长要在他的工作日做出减压示范，让老师见到校长在午餐时间走一圈赛道，或坐在一个国际象棋俱乐部中玩一个快速的游戏。

控制环境。噪音和混乱产生的杂音，需要管理者采取有效的措施来控制。这些措施可以在公共区域如餐厅或走廊中被发现。

确保安全。如果感觉威胁或恐惧，压力自然会升高。这同样适用于学生。校长必须控制一些如欺负、暴力和辱骂性的语言或其他形式的恐吓的发生。

传达明确的期望。当人们明白自己的期望时，人们会感到更安全，压力更小。如果校长让教师猜测接下来将要发生什么，或者什么将会得到验证，每个人都会濒临崩溃。

分享领导关系。当一个人的工作环境缺乏对压力的控制时,校长要代表领导,尽可能地增加员工的信心。

有意识地避免压力。校长可以破坏整个学校的气氛。不过这可能是隐蔽或公开的,许多困惑或吓唬的行为会打破教师、家长或学生的信任。有效的校长不会做出故意显示自己的风度和操作方法的行为,如恐惧战术、专断、讽刺、玩互相攻击、侮辱、恐吓、惩罚人、情感操纵、玩深沉、不尊重、威胁、明显的不满、贬低、羞辱或退出。

校长如何建立信任的关系

西北地区教育实验室检测了信任在学校中的改进情况。他们发现的方法有助于校长改善与老师的信任关系。这些提示,改编自他们为学校建立互信关系的小册子:影响校长和老师关系的因素(2003),其中鼓励以下的行为原则:

- 诚实。在所有的接触和互动中都对教师保持诚实。诚实是不可伪造的,也无法利用一些时间来练习,校长的主要职责是建立信任关系,并有机会去这样实践。
- 关爱和联系。对学校所有成员表示自己的兴趣,采取具体的措施让他们知道你的关心,对别人真正的关心和关注会带来信任。
- 可以接近。易接近感很容易让老师来找你去帮助他们完成所需。鼓励开放的沟通。
- 有效的沟通模型。信任只存在于开放的沟通的气氛中。
- 令人接受的异议。重视不同的意见和看法,是诚实和开放的沟通的一个组成部分。建立这样一个氛围,老师可以不同意你的意见,彼此没有任何报复的恐惧。
- 让教师参与决策。让老师发表见解,并给予肯定。
- 支持创新。欢迎实验。要抓住机会信任和鼓励老师尝试新的想法。
- 帮助教师降低脆弱感。教育事业的成员今天承受着大量的监督和批评,你对他们的尊重是一个缓冲区。当教师不断地警惕潜在的斥责或觉得一举一动都被监视着,便不能产生信任。
- 给老师提供基础资源。只要看到你的教师有需要的资源,便去支持他们。信任校长的教师,知道他们可以提出请求,而且如果资源不能够及时提供,他们也明白有可能是非管理者所能控制的原因导致的。

• 当教师无助时，愿意为其采取行动。每个人都知道老师会有无效、无能的时候，或仅仅是对学生没有办法的时候，校长在这种情况下要采取行动来支持。及时表明他们是一个强大的领导，足以正确地解决问题。

校长如何才能降低教师的压力呢？

我作为校长的最初几年中，学校董事会，我的老师，我的所有其他工作人员，我的学生的父母都参加了对我的评价。我一直处于关注中。有天，我要带上一双旱冰鞋和汉堡及奶昔，让那些等车的人有希望。虽然我想忘记这些体验，但我经常重温它们。原因是，我想记住在那样的监督下的感觉。"到底为什么？"你问。这里就是原因，在我的很多责任中，对大多数教师（如果不是全部的话）而言，职业过程评价是主要的压力源。我能做的就是更多的同情和有效的问责。

我能提供的最好的建议是：校长最好经常出现在教室。去了解你的教师的好，了解他们的课程，他们的困难，他们的教学风格，他们的长处；停下来给学生读一段，帮助一个项目，学习一些新的软件，或者加入一个数学寻宝活动中去。

教师评价不应该一年一次，应该每季度一次，要按正式的计划进行。这意味着，你永远不会坐上一整节课。

但这个过程通常是无效的、常见的15分钟的访问，其次是一些纸质的形式，由校长圈出数字或者完成一个清单。这并不是了解教师技能的最佳方式。持续的接触、频繁的访问和支持的关系将帮助你了解真实情况。有些人称这些做法是校长的散步法。校长是存在的、可用的、可见的和可参与的。没有一个固定的、超然的、关键的观察。

当你走进教室时如何观察？观察学习者。站在忙碌的学生旁边看，听小组讨论。作为观察者，你可以了解很多关于学生活动的效果。学生都参与了吗？他们聚焦于分配的任务吗？房间里有舒适感和安全性吗？有微笑和笑声吗？学生协同工作、互相帮助吗？他们有合适的材料吗？有创造力吗？

这种做法有很多好处：

• 教师习惯于在门口、在教室里看到你的脸，他们知道你在参与。你更多地扮演了支持者、伙伴的角色。

•校长似乎是一个伙伴而不是评论家,教师开始看到你真的想了解他们和他们的教学风格。

•这种频繁的接触有助于建立教师和校长之间的信任关系,然后,评价过程可以看作对优势及对未来目标的肯定。

•当你坐下来讨论、评价,你要有特定的具体实例。你的反馈是非常有帮助的。因为你真实地知道在课堂上发生的一切。

•评估是个持续的过程,而不是一次短暂的访问。你会更准确地确定有效和无效教学。

•你有了知道一个新老师和他们授课情况的新方式,你可以有更好的建议给他们。我记得那时候愤怒的家长跑到我的办公室抱怨老师在教室里的所做所为。在这种情况下,我会说:"嗯,康拉德先生,我今天早上是在教室的,我可以向你保证,我的小弗朗辛没有被批评,弗朗辛正忙着在网上找一组故事的事。他在上阅读课。"

你是唯一准备处理问题的。信任已经到位,在教学和管理中解决严重的困难会有更加顺利的过程。有一个更好的机会,让老师能够听到问题所在,接受建议并做出改进。

开心一刻

男孩:我们的校长绝对是哑巴。

女孩:你知道我是谁吗?

男孩:不知道。

女孩:我是校长的女儿。

男孩:你知道我是谁吗?

女孩:不知道。

男孩:上帝!

越过那道门(给教师的建议)

有一天我在打电话,谈及会议议程和文书工作(分成两堆文件,"有趣的""我不希望的")。三个幼儿园的宝宝,手牵着手,在我的门口挤着。中间的孩子,她的大眼睛水汪汪的,她的皮肤苍白而颤抖。

"我能帮你什么吗?"我问。

一个学生说："老师告诉我们要把罗莎娜带下来，老师说罗莎娜很坏，她不得不去看'泡沫王子'。"

我紧抿着嘴没有笑，我继续问："那么，罗莎娜，发生什么事了？"

小女孩看着地板，低声说："我不知道。"两个正在训练的年轻的士兵久久地看了罗莎娜一眼，放开她的手，解除了他们在幼儿园中的痛苦之旅，回到他们班。罗莎娜和我彼此看着，但我又应该如何对待孩子呢？不管是否违规，这件事已经至少发生在十分钟前，超出了孩子的记忆。罗莎娜所知道的是来我的办公室，那是一件可怕的事情，她已经很快吸取了教训（谢天谢地，我的鱼箱，蠕虫农场，翻筋斗的发条猴子和采集的动物标本，都在原处好好的）。

如果你是一个老师，请阅读这一章，我希望你明白校长也有很多压力，这意味着你应该理解校长，应该努力留住你对工作的爱！纪律只是你能与校长一起分享的潜在的压力之一。既然你们有这么多共同之处，避免职业倦怠和压力的最好方法是领导和教师共同努力去解决。如果你的校长有一个开放的政策（甚至半开放的政策），做最好的自己，有勇气跨过门槛。大多数校长真的想与他们的老师拥有一个健康的工作关系，这里有12件事情，有助于培养你们间的伙伴关系：

1.鼓励你的校长解决学校的压力问题，建议将这作为一个职业发展目标，并参与寻找解决方案。

2.不管你是否同意或支持校长的一切，尊重他，不加入流言蜚语或唱衰校长的行列。

3.你最好去揭穿你的学生关于校长办公室的"怪物"的神话。帮助他们看到校长也是他们的老师之一，邀请校长参加课堂上有趣的活动，带来温暖、信任，尊重你的校长。

> 你通常不会去接校长，所以直接问校长，她的管理风格和优先用的通信手段。
> ——贝基，小学教师，亚利桑那州

4.不要把校长当成是纪律的第一防线。建立良好的课堂管理程序，让你能够以自己的纪律处理，当你不断地把学生请进校长办公室，那表明你破坏了你自己的权威，让你的学生认为你没有控制力。你应该协调你和校长的关系。确定是什么问题，处理它，得到一些建议，并尝试自己去工作。与校长谈谈。办公室之旅，是非常困难或危险的情况，记得那个喊羊和狼的男孩的故事吧，去吧，狼来了，但当你真的需要帮助时再这样做。

5.找出最适合你的校长的沟通方法，他们会喜欢以书面或电子邮件的方式来提问题吗？ 你访问他们之前最好做好备忘录，给他们一些预设的话题。 最好先预约上她。

6.如果校长来得早一些或晚一些，他们是在做工作，尊重这些时间。 通常情况下，校长不能在学校正常的时间做一些文书的工作，他们需要一些安静的时间，为了满足最后的期限而去做。

7.当你有时间与校长聊天，不要以为校长有时间跟你谈论你所关心的《战争与和平》的版本。 想一想去看医生时，你想治病，但也有一屋子的病人等候着。你的解释必须彻底并简洁。

8.如果你带着问题或有关于什么事情不奏效的担心去见校长，带上一个可能的解决方案。 校长可以不选择你的想法，但他会感激你想过了，而不只是期望他能解决你所有的问题。

9.要明白你没有面临你学校的所有问题，解决一个问题似乎是显而易见的，但校长在做最简单的决策之前要考虑的事情很多：法律，学校政策，目前和未来的预算，目前和预计的人数，实体工厂，学校董事会的反应，管理者的投入，决策会怎样影响教师和学生，对其他老师做出的承诺，关于你可能不知道的孩子的背景，对社会的影响（哪怕只有一点点）。

10.假设校长是你的支持者，直到经验证明事实不是这样。 给校长这一疑问，不要抱有"他们反对我们"这种心态。

11.当校长去走访询问老师的评价时，不要总有一种抗拒的冲动，当一个人不发自内心地表演时（相信我，一个经验丰富的校长，可以在十秒内发现这一切），他们总是做假装的欢迎动作。 尽可能地展示你的诚实，努力展示教学，注入你的个性和人品。 做你自己，扩大你在校长面前的温暖，这将确保当谈到实质性的指导时，校长会给你宝贵的、真诚的支持。

12.不要对校长的活动进行判断。 无论你什么时候看到校长，不要推测他们最有可能是在做什么事情。 也许对于有目的的管理者而言，观察者看上去是随机的。 如果他们在走廊，校长可能在看新的清洁人员如何做他们的工作。 如果他们站在前面的人行道上，他们可能会检查亚历山大的父亲是怎样在酒精的影响下，把孩子丢在学校不管的。 如果他们到员工休息室，他们可能会对悄悄说话的人说"不要说话了"。

建立相互信任的关系

> **开心一刻**
>
> 柯森先生，一个学校的新校长，震惊地发现靠近物资壁橱的门是开着的。他更震惊地发现老师们匆忙地走进走出，拿着几本教科书和其他教学材料。在他之前的学校，物资都是锁起来的，只有交上三份之前制订的合适的表格的复印件才能拿出少许。柯森先生把管理员拉到一边。
>
> "你认为这是明智的吗？"柯森先生小声地低语，"教师可以随意接近物资？"
>
> 在看了柯森先生一会儿之后，管理员回应到："我们应该相信他们和学生，不是吗？"

记得那个游戏：你向后倒下，相信伙伴们会在后面接住你吗？ 即使你之前已经做过，当你倒下时还是会恐惧。 这样的问题会在脑海里闪现：如果我的伙伴认为看到我撞到地面是有趣的怎么办？ 如果我坠落时，我的伙伴没有完全准备好，如果他们不足以支撑着我怎么办？

信任他人总是很危险的。 作为校长，你可以假设你的老师会回避自己的责任，对政策的愤怒回应，或者坚持新思想，坚持己见，后面挂着"我对抗他们"的盾牌。 作为一个老师，你可以假设校长希望完美，感觉优越，会不断评价你，使你的背后挂着"我们反对他"的盾牌。 这样的姿态会增加各方面的压力，减少学生成功学习的环境。 信任相比于怀疑或恐惧，总需要更多地培育和生产新的东西。

2009年，研究人员罗伯特和雷特研究了压力模式，他们的研究表明：

- 管理者是高度紧张的。
- 管理者引起教师的压力。
- 一个管理者知道他们的老师压力都大。
- 教学压力大。

- 教师意识到他们的压力(即使他们没有处理好这件事)。
- 老师和管理者的压力影响学生和他们的成就。

虽然令人不安,这些结论给我们所有人一个表明教师和行政人员的生活之间的联系的草图。 鉴于工作的压力,学校工作人员希望相互理解和支持,而最重要的是承认学生的成就。 所以基于压力解决的紧迫性,校长和教师合作不仅适用于成年人,对我而言,就是基础教育工作者在帮助孩子学习。

教师和校长之间的互相信任的关系不能是片面的,而必须努力证明其可靠性并赢得尊重。 责任在学校领导身上,他是在更有力的位置,因此,这就是基调。但要让每个教师努力做出贡献。 建立信任关系不只是校长的责任。 双方都需要知道,当他们跌倒时,有人会抓住他们。 当他们成功时,有人会欢呼。

我们总结了小学、中学、高中教师的各自描述,特色老师是最容易建立尊重、信任关系的,反过来,我们问小学、初中、高中教师他们所欣赏的校长的识别特征。 以下是他们的回答抽样。

老师说什么

我们校长总是践行他所倡导的,他在职期间会给我们信息,校长演示了一个好的教学模式,我们可以再回到我们的教室。

——伊丽莎白,中学教师,俄亥俄州

我从来没有被强迫像我的同事那样教学,校长给我们空间和专业的尊重,这让我们发展自己的风格,创造出独特的教学经验。

——和利亚,小学教师,爱达荷州

当她看到她所喜欢的东西时,我的前任校长总是花时间来赞美我们。

——沃克,中学教师,特拉华州

我们的校长十分重视专业发展方向。很明显,他努力在在职期间使日子有趣,与教学的重点相联系。他也鼓励我们在教室中创新,然后他给了我们时间在员工会议上谈论,哪些是有用的,哪些是没有用的。

——莎拉·迈诺特,高中教师,加利福尼亚州

教师接受来自校长的反馈,在我们的评价中,他不仅给建议,因为他花了时间在教室里四处走走,他知道是怎么回事,他总是留时间给我们竖一个大拇指,或提供建议性的批评。教师常年都能有提高。

——帕特丽·夏布莱恩,中学教师,夏威夷州

我们总是被鼓励提高自己,继续学习,校长带来文学讲习班和研讨会,在我们给出专业的文章之前,每个老师都会读,我喜欢校长关心我的专业成长。

——杰夫瑞·劳伦斯,中学教师,路易斯安那州

我的校长建立同伴互助项目,不仅有助于新教师,也能给我们这些老教师一些新东西。

——马特图勒,高中老师,西弗吉尼亚州

> **教师小贴士**
>
> 一定要与你的管理者建立健康的、开放的信任关系。这将会是你在任何情况下得到建议和支持的最好资源。
>
> ——斯蒂芬妮·斯密斯,基础教育教师,德克萨斯州

校长如何说

我喜欢与热衷于学习的教师一起工作,他们的热情会激发并将提供指导,因此能够激发学生接收信息。

——富麦考利,高中校长,新泽西州

我看到一个和孩子们自然舒适相处的老师,尊重他们的个性和荣誉,很多孩子都能够本能地完成。这是一个很难的内容,但是如果一个老师拥有它,他就是一个学生的自然的吹笛手,教学就会变得更有效。

——杰夫·博斯韦尔,中学校长,肯塔基州

我要把同情列为首位。一个老师需要能够理解和同情他的学生。你不能只教课程,而没有认识到许多学生带到教室的学习方面、情感方面的实际的困难。

——比尔,小学校长,伊利诺斯州

理想的教师对教育有激情。对于我的学生和我的工作,我充满激情,我希望我的员工拥有相同的正能量。

——罗宾·邓肯,高中校长,新墨西哥州

老师应该有幽默感。他应该愿意笑,给自己注入一点点乐趣。一个老师如果把自己弄得太严肃,会迅速推开任何想和他联系的学生。幽默感在处理潜在困难时也会带来方便,如同事和家长一块工作时。

——坎迪斯·史密斯,高中校长,马萨诸塞州

一个好的教师必须有良好的团队合作精神。

——塔勒布,中学校长,乔治亚州

我想和有很大灵活性的老师一起工作,在教育方面,我们永远不知道每天会发生什么,一个教师可以重点对每一个意外的曲线抛出她的方式;或者她可以评估情况,用最好的方式处理,然后继续向前。

——凯道·金斯,小学校长,佛蒙特州

我需要知道变化也是挑战的老师,这不是过分的要求。

——罗伯特,俄勒冈中学校长

激情重回

一个教师和学校的领导之间的尊重信任关系,可能是最好的减压方法,不要低估这种伙伴关系的重要性和力量。 在学校形成相互支持的氛围,我几乎能听到紧张会"嗖"的离开。

只有在校长觉得他与教师团队的工作是尊重和信任他的气氛时,他的工作热情才能真正高涨。 这是一个教师感到受重视、支持、信任,和再次热爱教学的氛围。

我的建议

这是一个真正的让校长(或老师)放松的策略。 放学回家的路上拿起一根黄瓜,用它来抚慰你燃烧的眼睛和疼痛的头。 切两片黄瓜,休息休息,躺在沙发上、床上或躺椅上,每只眼睛盖一片。 深呼吸,放松,直到凉意全消。 保持时刻更换黄瓜眼垫片。

将你的干净新鲜黄瓜面部放松法更进一步。 加入几片新鲜薄荷,加入一半去皮的黄瓜,将它们放入榨汁机中。 打一个鸡蛋,将它倒入榨汁机中。 将这个混合物敷到你的脸上,停留15到20分钟(如果闹钟响了,不要管它)。 然后用冷水洗干净你的脸,然后拍干。

不管你用哪种方法,吃掉剩下的一半黄瓜。 众所周知,它对肠蠕动和风湿病都有好处。 只是不要吃掉为晚餐的沙拉准备的黄瓜(我确定压力的张力会阻碍黄瓜放松你的脸部)。

工具

201：管理者的压力舒缓——自我反思表
202：放松和鼓舞你的员工
203：学生的压力舒缓
204：保持积极、有意义的环境的建议
204：建立联系的员工会议
206：使教师休息室内气氛和谐

管理者的压力舒缓——自我反思表

释放压力的习惯：
在去学校的路上或者在办公室里，我听舒缓或者欢快的音乐
我每天花时间与学生们在一起
我想好主意来帮助我的老师
我参与一些有助于我职业成长的一些活动
我总是读一本很好的书来放松自己
一周多次做学生的代表
一周出去工作或玩耍好几次
我有良好的时间管理习惯
我有现实的期望
我不会逃避不愉快的、沉重的或困难的任务
我把大的工作项目划分为可管理的任务
我看任何事件的积极的一面
我经常与员工沟通
我要从我的员工的反馈中真诚地倾听他们的担忧
我有经常放松的习惯，包括冥想、阅读、园艺
我定期打断一下工作走出办公室
我不逃避问题
我每天都做某些事情来放松或释放自己
每天工作中兴奋的事，我都要记下来
我花时间与工作之外的朋友聚聚

我访问、分享，并从其他的领导和同事处学习

我很擅长排解工作压力

放松和鼓舞你的员工

把这些纳入你的议程

认真思考可以减少你的员工的压力的方法，这儿有一些想法。

1.有趣的计划

管理者和教师把他们的名字放在一只帽子里，在篮子里写上两个管理者和教师的名字来预想这个有趣的计划。这个计划可以包括整个团队，也可以只是个人。计划者选择时间、分发传单（没有人被强迫参加）。这样可以通过给团队成员时间聚拢到一个无压力、无工作的环境，从而建立关系，并加强联系。

2.转换角色

找一天转换角色。将管理者和教师的名字放入一个篮子里（按年级分两个篮子，计划一件有趣的事，这一件事可以让老师可以上下移动至少两个年级）。每个人只能从篮子里选择名字，并且与抽中的名字交换一天或半天的角色。这里有几个作用：你可以了解别人的工作；你发现在别人的位置上也不容易；你还是欣赏你自己的角色；你会感谢别人所做的。

3.每周的健身伙伴

教师在体育场集合，无论在学校或放学，一个老师"每天锻炼三十分钟"，如果体育馆在使用，在一个大的教室里，把桌子挪到一边，窗口应该可以保护隐私。没有必要电视上一推出一个锻炼节目，就跟着做。我们都知道，运动是最好的减压方式，老师一周锻炼三次，不仅可以有更好的精神，也会发现体育锻炼成绩也提高了。

4.一起玩

一块锻炼、一起出去锻炼是分享工作的一种方式，各种体育活动均能够做到，在一起打排球、足球、篮球，有一些活动适合所有年龄和体能水平，如创新接力赛，乒乓球比赛，或者羽毛球。比赛可以适应不同的组别。一年可以计划一种活动好几次，甚至可以做得更好，设立一个时间表，定期举行。

5.要有放松的意识

一个短暂的放松计划，每次开会或其他活动启动时，或者当员工聚集在一起，进行深呼吸并进行伸展活动，或借用一个简单的瑜伽技术，放学后举行，每

周至少举行一次，你要确保参加。

学生的压力舒缓

课堂压力的释放法

1.教你的学生管理时间的技巧

学生也有很多的压力，你可以帮助他们通过良好的时间管理和组织来避免一些这样的压力。给他们展示如何使用诸如日历、时间表、计划表和笔记上的分配表。教他们学习技术，将任务分解成更小的可管理的模块。练习课堂上的时间管理训练。

2.帮助他们应对考试

考试也会给学生带来压力。给他们良好的考试指导，帮助他们复习，教给他们好的考试和应试技巧。

3.建立一个轻松的环境。

确保你的教室是一个学生感到平静的地方。舒缓的音乐，注意气味和颜色，都有助于缓解压力。不要大叫或者威胁别人。做好计划，学生不会因你而疯狂。

4.运动

一天做几次身体活动，让学生离开自己的座位，改变一下位置，计划学习活动，要求他们走动，站起来，伸伸身体。到外面走一走，永远不要让学生整天静坐（这不会好的！）。

5.花时间放松

教学生做深呼吸和伸展的方法，建立你自己的技巧，让整个班级有意识地放松。计划游戏的时间。如填字拼图游戏、纸牌游戏、记忆游戏、数独游戏、魔方、飞镖（魔术贴的那种），和其他课堂上适当的游戏。

6.笑！

在你的学习活动与课堂生活中，加入许多幽默，笑本身就是可以缓解压力的。

7.说出来

给学生时间说话，进行讨论，让讨论成为学习活动的一部分。试图让学生在所有的时间保持安静是让学生非常紧张的。互动是良好的学习和健康发展的关键。

保持积极、有意义的环境的建议

保持一个积极的观念，积极的环境，去尝试这些想法。再加上你自己的安排。

1."我注意到你"便签

给工作人员每天写上几点积极的表扬，如果可能的话，给那些让你观察到的，或一些你认识的、那一天需要鼓励的人一个便签。这有助于员工感到"被看到"和来自你的欣赏，可以让他在这一天当中有很大的不同哦。

2.以爱对待

即使是成年人也需要以爱对待。确保你定期给员工发邮件，表明你真的了解和关心每个人的个性化需求。（例如，如果有人爱巧克力，你带的正是他们喜欢的品牌。如果有人是糖尿病或正在节食，让他们吃无糖的，尽可能经常食用健康的食品。你可以让教师在休息室里多休息下。）

3.每月聚餐

每月聚餐。计划提供一个主菜及一个在休息室里的签约表，选择一个主题并装饰它，使其有趣，邀请喜欢这些菜肴的人们，收集食谱和让志愿者把它们放进一个"员工最喜欢的食谱书"里。

你甚至可以把这些卖掉，筹集资金以便买新设备，或满足一些其他的需求！

4."我们支持你"玩具熊

准备一个新的、令人喜爱的玩具熊，可以转移情绪和压力。当工作人员觉得今天很糟糕（如与学生或家长有冲突，有报告欺侮小孩、感觉难过等学生的情况之类），熊就会出现在他的房间，无须多言，这个玩具代表支持他！当别人看到熊在那个人的房间，然后可以提供他们支持，或拍拍他的背，熊就送到下一个接收者那里。试试看，熊就在学校建筑的周围，在年底的时候就是这样（消毒熊是必要的）。

建立联系的员工会议

一根箭容易折断，不过一捆箭就不会。——日本谚语

让你的员工减压，让每次的员工会议变成沟通和减压的场所，一旦开始建立这习惯，试试下面的思路。

我们彼此了解多少？

每个老师在卡片上写出关于自己的三个信息（两个是真的，一个是假的）。每个人大声读出来，其他人猜哪条是假的。

我们有哪些共同点？

分成三到四组，进行头脑风暴（不要与教学有关），聚焦于习惯、激情、家庭等共同兴趣上，花了一定的时间后，队伍将重新召集分享，对每个当中最感兴趣的共同点给予特别关注。

怎么帮助我们的队员避免问题/危机？

在会议之前，选择小的项目，可以用来代表可能发生在学校与社区的问题或危机。在房间的两边标记起点和终点线，把物品分成三组放在地板上，包括每个组的成员的眼罩。

该团队将尝试被蒙上眼睛穿过房间，从开始到结束。每个对象踢或踩计数器的个数作为一个团队的得分，谁的分越低谁获胜。比赛结束后，谈一谈这些物体所代表的意义。头脑风暴的问题要避免学校内的问题。

建立联系的员工会议（续）

我的学校需要我，因为……

老师和管理者通常并不说他们在学校的才能、贡献。在此活动中，教师有两分钟的时间向自己的组推荐自己。每次会议让几个成员有这样的机会在会议上做一做。如果推销自己不太舒服，可以转换成"我们的学校需要你，因为……"一名老师准备推荐和介绍另一名老师。

一起建立学校

把人们分成四五个组，每个组给一叠报纸和胶带，目的是建立一个学校的模型，只准用这些用品，限制设定计划和建造的时间，在建造过程中，谁也不要说话。时间到后，讨论这当中的得失。

是谁的故事

为每位员工提供纸和笔，设定时间限制，每个人被要求写出真实的（或大部分是真实的）事实，故事越离奇、越好！所有的纸折叠、标记好放在一个篮子里，随机拿出四个纸条，大声读出作者，然后把故事混起来向组里朗读，猜猜是谁写的故事，对号入座。

热身游戏

准备表和棋盘游戏，短拼图，或纸牌游戏。选择可以快速完成的游戏。当员工们到来时，让他们分组玩游戏或猜字谜，这给了大家一个放松、说笑话、减压的机会。这时候没有任何压力，也不谈工作。

热身笑话

成功的会议应该结束在笑声中。鼓励员工贡献笑话，把他们的笑话放在盒中或篮子中，让另一个员工来随机选择，在下一次会议中讲出来。

确定你（管理者）每次活动都要积极参加。

> **教师休息室**
> 没有压力、聊聊天、正面的话语、思想飞翔

使教师休息室内气氛和谐

让教师休息室成为零压力的地方，可以用以下的方法：

1.门后面，可以挂一些如旁边的东西。

2.和你的员工聊一聊下面的话语和积极思想的重要性。研究表明，否定词和消极的想法带走能量，积极的能量有助于健康。

3.你尽量在休息室里无话不谈，这靠你自己带头。

4.休息室应该是一个平静的地方，不是工作区域，将所有的工作设备移到另一个地区。

5.将休息室涂上温暖的颜色，让员工投票来选择最好的颜色（蓝色和绿色是放松的颜色）。

6.把旧家具更换成舒适的椅子和沙发，如果你的客厅很小（没有沙发），就用较小的椅子。

7.制造一个壁挂式的平板电视。

8.用墙上的艺术品（不用学校的海报）创造一个舒适的氛围。

9.用温暖的桌布和插花装饰就餐区。

10.制造一些令人愉快的气味。薰衣草使人放松。薄荷使人感到清爽。或者，尝试香草或海洋香的空气清新剂。

11.用一个CD播放器提供一些轻松的音乐。

12.如果有足够的空间，还可以添加如下减压项目：一个桌子和500片的拼图游戏卡，足球或冰球游戏桌，或针织区。

参考文献

第1章

Works Cited

p. 3　Smith, A. et al., (2000). *The scale of occupational stress: further analysis of the impact of demographic factors and type of job* (2000). Centre for Occupational and Health Psychology,2000. Sudbury, UK: HSE Books.

p. 6　Brantley, J. (2003). *Calming your anxious mind*. Oakland: New Harbinger Publications.

p. 6　Chichester, B. & Garfinkel, P. (1997). *Stress blasters*. Emmaus, PA: Rodale Press.

p. 7　Davidson, J. (2003). *The anxiety book*. New York, NY: Riverhead Books.

p. 13　Creagan, E. T. (2009). Positive thinking: Practice this stress management skill. *Mayo Clinic*, April, 2009. http://www.mayoclinic.com/health/positive-thinking/SR00009.

p. 15　Rotherman, A. (2004). Opportunity and responsibility for national board certified teachers. *Progressive Policy Institute*, March 2004. http://www.ppionlin.org/.

p. 16　Wong, H. K. & Wong, R. T. (1991). *The first days of school: How to be an effective teacher*.Sunnyvale, CA: Harry K. Wong Publications.

p. 16　National Education Association (2003). *Status of the American public school teacher 2000-2001*.Washington, D.C.: NEA.

p. 16　Harrell, K. (2003). *Attitude is everything: 10 life-changing steps to turning attitude into action*.New York, NY: HarperCollins.

p. 16　Davis, M., Eshelman, E. R., & McKay, M. (2000). *The relaxation and stress reduction workbook*.Oakland, CA: New Harbinger Publications.

p. 17　Canter, L. (1994). *The high-performing teacher: Avoiding burnout and increasing your motivation*. Santa Monica, CA: Lee Canter & Associates.

Other Recommended Resources

Cosgrove, J. (2001). *Breakdown: The facts about teacher stress*. London, UK: Routeledge.

Queen, J. A. & Queen, P. S. (2003). *The frazzled teacher's wellness plan*. Thousand Oaks, CA: Corwin Press.

Schindelheim, F. (2004). *Relieving classroom stress: A teacher's survival guide*. AuthorHouse (Online Self-Publishing Service).

Singer, J. N. (2009). *The teacher's ultimate stress mastery guide: 77 proven prescriptions to build your resilience*. Thousand Oaks, CA: Corwin Press.

Web Information to Investigate

Websites and the information on them change frequently. Always check a web address and examine the content before using the information or before recommending the site to anyone else.

Top 10 most stressful professions; Work stresses and colleague irritation.

http://www.jobbankusa.com/news/business_human_resources/top_10_most_stressful_professions.html.

Study links preschool teachers' stress to student expulsions.

http://articles.latimes.com/2008/jan/11/local/me-expulsions11.

Coping with stress in the special education classroom: Can individual teachers more effectively manage stress? http://www.ericdigests.org/1998-2/coping.html.

第 2 章

Works Cited

p. 28 Fuchs, L.S., & Fuchs, D. (1986). Effects of systematic formative evaluation: A meta-analysis. *Exceptional Children*, 53, 199-208.

p. 34 21st Century Fluency Project (2009). Understanding the digital generation. *The Committed Sardine*. http://www.committedsardine.com/perspectives/UDG_Perspective.pdf.

Other Recommended Resources

Collins, A., & Halverson, R. (2009). *Rethinking education in the age of technology: The digital revolution and schooling in America*. New York, NY: Teachers College Press.

Doidge, N. (2008). *The brain that changes itself*. New York, NY: Penguin.

Johnson, S. (2006). *Everything bad is good for you: How today's popular culture is actually making us smarter*. (2006). New York, NY: Riverhead Trade.

Prensky, M. (2010). *Teaching digital natives: Partnering for real learning*. Thousand Oaks, CA: Corwin Press.

Prensky, M. (2005). *Don't bother me mom—I'm learning: How computer and video games are preparing kids for learning*. New York, NY: Paragon House.

Prensky, M. (2001). *Digital game-based learning*. New York, NY: McGraw-Hill.

Rosen, L. D. (2010). *Rewired: Understanding the I-generation and the way they learn*. Hampshire, UK: Palgrave Macmillan.

Small, G., & Vorgon, G. *iBrain* (2008). New York, NY: William Morrow.

Tapscott, D. (2010). *Born Digital: Understanding the First Generation of Digital Natives*. New York, NY: Basic Books.

Tapscott, D. (2008). *Grown up digital: How the net generation is changing your world*. Columbus, OH: McGraw-Hill.

Web Information to Investigate

Websites and the information on them change frequently. Always check a web address and examine the content before using the information or before recommending the site to anyone else.

Blogging basics: Creating student journals on the web. http://www.educationworld.com/a_tech/techtorial/techtorial037print.shtml.

SPeNSE: Study of personnel needs in special education: Final report of the paperwork substudy. March, 2003. http://www.spense.org/Results.html.

Get your students blogging. http://www.21classes.com.

21st century fluency project. http://www.21stcenturyfluency.com/.

Rubrics for teachers. http://www.rubrics4teachers.com.

Sites to see: Podcasting. http://www.educationworld.com/a_tech/sites/sites074.shtml

第3章

Works Cited

p. 71 Epstein, J. (2008). Improving Family and Community Involvement in Secondary Schools. *The Education Digest*, 73(6), 9-12.

p. 71 Mattingly, D. J., Prislin, R., & McKenzie, T. L. (2002). Evaluating evaluations: The case of parent involvement programs. *Review of Educational Research*, 72(4), 549-576.

Other Recommended Resources

Applebaum, M. (2009). *How to handle hard-to-handle parents*. Westerville, OH: National Middle School Association.

Berger, E. H. (2007). *Parents as partners in education*. Upper Saddle River, NJ: Prentice Hall.

Bruzzese, J. (2009). *A parent's guide to the middle school years*. Westerville, OH: National Middle School Association.

Puckett, D. (2010). *Tips for surviving and thriving through the middle school years: A guide for parents and teachers*. Nashville, TN: Incentive Publications.

Vopat, J. (1998). *More than bake sales*. Portland, ME: Stenhouse Publishers.

Web Information to Investigate

Websites and the information on them change frequently. Always check a web address and examine the content before using the information or before recommending the site to anyone else.

Edutopia. http://www.edutopia.org.

National Coalition for Parent Involvement in Education. http://www.ncpie.org.

National Parent Teacher Association. http://www.pta.org.

Parent newsletter templates. http://www.education-world.com/a_admin/newsletter/templates/index.shtml.

Parent involvement. http://www.partnershipforlearning.org/category.asp? CategoryID=23.

Parent involvement activities in school improvement plans. http://educationnorthwest.org/resource/254. Resources for parents. www.onetoughjob.com.

School, community, and family partnerships. http://knowledgeloom.org/sfcp/index.jsp.

School newsletter template. http://office.microsoft.com/en-us/templates/TC010182551033.aspx? WT.mc_id=42.

第 4 章

Works Cited

p. 88   Ginott, H.G. (1993). *Teacher and child*. New York, NY: Collier Books MacMillan Publishing Company.

p. 90   Ginott, H. G. (1993).

p. 96   Merton, R. K. (1968). *Social theory and social structure*. New York, NY: Free Press, p. 477.

p. 96   Rosenthal, R. & Jacobson, L. (1968, updated 1992). *Pygmalion in the classroom: Teacher expectation and pupils' intellectual development*. Carmarthen, UK: Crown House Publishing.

Other Recommended Resources

Berckemeyer, J. (2009). *Managing the madness*. Westerville, OH: National Middle School Association.

Cushman, K. & Delpit, L. (2005). *Fires in the bathroom: Advice for teachers from high school students*. New York, NY: New Press.

Cushman, K. & Rogers, L. (2009) *Fires in the middle school bathroom: Advice for teachers from middle schoolers*. New York, NY: New Press.

Ginott, H.G., Ginott, A., & Goddard, H. W. (2003). *Between parent and child*. New York, NY: Three Rivers Press.

Marzano, R. J., Marzano, J. S., & Pickering, D. J. (2003) *Classroom management that works: Research-based strategies for every teacher*. Alexandria, VA: Association for Supervision and Curriculum Development.

Thompson, J. G. (2010). *Discipline survival guide for the secondary teacher*. San Francisco, CA: Jossey-Bass.

Web Information to Investigate

Websites and the information on them change frequently. Always check a web address and examine the content before using the information or before recommending the site to anyone else.

Classroom management. http://www.nea.org/tools/ClassroomManagement.html.

第 5 章

Works Cited

p. 115　Teacher mentoring program gets rave reviews and results. *Press Release*: Office of the Governor, State of Alabama, September 8, 2008. http://www.governorpress.alabama.gov/pr/pr-2008-09-08-01-mentoringprogramreviews-video.asp.

p. 115　Does mentoring reduce turnover and improve skills of new employees: Evidence from teachers in New York City. *National Bureau of Economic Research Working Paper No. 13868*. http://www.nber.org/digest/aug08/w13868.html.

Other Recommended Resources

Newman, S. (2005). *The book of no: 250 ways to say it*. Columbus, OH: McGraw Hill.

Ninday, D., et al. (2009). *Mentoring beginning teachers (second edition)*. Portland, ME: Stenhouse Publishers.

Web Information to Investigate

Websites and the information on them change frequently. Always check a web address and examine the content before using the information or before recommending the site to anyone else.

Resources for mentoring. http://www.teachermentors.com.

Some teacher mentoring resources. http://www.middleweb.com/mentoring.html.

第 6 章

Works Cited

pp. 133 – 142　U.S. Government (2004). Building the legacy: IDEA 2004. *The individuals with disabilities act*. 2004. http://idea.ed.gov.

p. 135　U.S. Department of Education (2009). Protecting students with disabilities: Frequently asked questions about Section 504 and the education of children with disabilities. (Section 504 of the Rehabilitation Act of 1973). *Office for Civil Rights*. http://www.ed.gov/about/offices/list/ocr/504faq.html.

211

p. 142 U. S. Department of Education (2010). *Family educational rights and privacy act* (*FERPA*). http://www2.ed.gov/policy/gen/guid/fpco/ferpa/index.html.

p. 142 ASK Family Resource Center (2008). 6 principles of IDEA (handout). http://www.askresource.org/publications.html#idea.

pp. 142 Rose, C. (1987). *Accelerated learning*. Accelerated Learning by Colin Rose. New York, NY: Dell Publishing Company, 1987.

Other Recommended Resources

Quinn, P. O. (2000). *50 activities and games for kids with ADHD*. Washington, D. C.: Magination Press.

Web Information to Investigate:

Websites and the information on them change frequently. Always check a web address and examine the content before using the information or before recommending the site to anyone else.

Assistance to states for the education of children with disabilities and preschool grants for children with disabilities: final rule. http://idea.ed.gov/download/finalregulations.pdf.

Title IX, part E uniform provisions, subpart 1—private schools. www.ed.gov/policy/elsec/guid/equitableserguidance.doc.

FERPA Section-by-Section Analysis. Special Education & Rehabilitative Services. http://www.ed.gov/policy/gen/guid/fpco/pdf/ht12-17-08-att.pdf.

National Dissemination Center for Children with Disabilities. http://www.nichcy.org. Teaching students with autism. http://www.ericdigests.org/2000-3/autism.htm. Autism in the classroom: Practical techniques of teaching. http://autistic-students.suite101.com/article.cfm/autism_in_the_classroom.

Teaching students who are deaf-blind. http://www.netac.rit.edu/downloads/TPSHT_Deaf_Blind.pdf. New teaching methods for deaf children. http://www.amitynewsletter.org/index.php?storyID=192. Methods for teaching deaf children to read. http://www.deafchildrenandsigning.com/methods-for-teaching-deaf-children-to-read.html.

Teacher tips for children with emotional disturbances. http://www.twu.edu/inspire/Fact_Sheets/emotional.htm.

Teaching students with emotional & behavioral disorders. http://www.geocities.com/whitt2_1999/sped6706ch4.html?20052.

Strategies for teaching students with hearing impairments. http://www.as.wvu.edu/~scidis/hearing.html.

Teaching hearing-impaired children in mainstream classrooms. http://www.associatedcontent.com/article/628673/teaching_hearingimpaired_children_in.html.

A gentle teaching approach for mentally retarded students. http://specialed.about.com/od/devdelay/mentally_disabled.html.

Severe and/or multiple disabilities. http://www.nichcy.org/Disabilities/Specific/Pages/SevereandorMultipleDisabilities.aspx.

Multiple disabilities: Characteristics and background information. http://specialed.about.com/od/multipledisabilities/a/multiple.html.

Strategies for teaching students with motor/orthopedic impairments. http://www.as.wvu.edu/~scidis/motor.html.

Other health impairment. http://arksped.k12.ar.us/documents/policy/rulesandregulations/H1.pdf.

Strategies for dealing with ADD in the classroom. http://www.kidsource.com/feingold/add.strategies.html.

Strategies for teaching youth with ADD and ADHD. http://www.ldonline.org/article/1370.

Smart tools: What is LD? http://www.smartschools.ph/SmartSchools/SmartTools/TeachingStudentsWithLD.htm.

Learning disabilities: Signs, symptoms, and strategies. http://www.ldanatl.org/aboutld/teachers/understanding/ld.asp.

Types of learning disabilities. http://www.ldanatl.org/aboutld/teachers/understanding/types.asp.

Teaching methods for dyslexic children. http://www.dyslexia-teacher.com/t6.html.

Teaching students with dyslexia in the regular classroom. http://findarticles.com/p/articles/mi_qa3614/is_199610/ai_n8753702.

Accommodations and modifications for students with handwriting problems and/or dysgraphia. http://www.resourceroom.net/readspell/dysgraphia.asp.

Strategies for teaching students with communication disorders. ttp://www.as.wvu.edu/~scidis/text/comm.html.

Understanding and teaching students with traumatic brain injury. http://www.fldoe.org/ese/pdf/trauma.pdf.

Teaching students with traumatic brain injury. http://www.jjc.cc.il.us/StAR/PDFs/brainInjury.pdf.

Strategies for teaching students with vision impairments. http://www.as.wvu.edu/~scidis/vision.html.

Educating students with visual impairments. http://www.hoagiesgifted.org/eric/e653.html.

Learning style survey. http://www.longleaf.net/learningstyle.html.

What is your learning style? http://www.ldpride.net/learning-style-test.html.

Do you know your middle schooler's learning style? http://www.scholastic.com/familymatters/parentguides/middleschool/quiz_learningstyles/index.htm.

Personal learning styles inventory. http://www.howtolearn.com/lsioptin_student.html.

第 7 章

Works Cited

p. 167　Signs of the Times (2003). Deep sea marathon runner.hww.signsofthetimes.org.au/archives/2003/october/ourtimes.shtm

p. 173　U.S. Government (2001). PL 107-110: The no child left behind act of 2001. *U.S. Department of Education.* http://www2.ed.gov/policy/elsec/leg/esea02/index.html

p. 173　Fertig, B. (2010). Teachers' union sues to halt release of teacher evaluations. *WNYC News*, October 10, 2010. http://www.wnyc.org/articles/wnyc-news/2010/oct/20/union-sues-stop-release- teacher-evaluations.

p. 173　Felch, J., Song, J., & Smith, D. (2010). Who's teaching L.A.'s kids? *Los Angeles Times*, August 14, 2010. http://www. latimes. com/news/local/la-me-teachers-value-20100815,0,2695044.story.

p. 173　Lawin, T. (2010). School chief dismisses 241 teachers in Washington. *New York Times*, July 23, 2010. http://www.nytimes.com/2010/07/24/education/24teachers.html.

Other Recommended Resources

Caine, R. M., et al. (2009). *12 Brain/mind learning principles in action: Developing executive functions of the human brain.* Thousand Oaks: CA: Corwin Press.

Campbell, K. et al. (2009). *The Nuts and Bolts of Active Learning.* Nashville, TN: Incentive Publications.

Cushman, K. (2010). *Fires in the mind: What kids can tell us about motivation and mastery.* San Francisco, CA: Jossey-Bass.

Hale, J. A. (2007). *A guide to curriculum mapping.* Thousand Oaks: CA: Corwin Press.

Pogrow, S. (2010). *Teaching content outrageously. How to captivate all students and accelerate learning.* San Francisco, CA: Jossey-Bass.

Silver, D (2005). *Drumming to the beat of different marchers.* Nashville, TN: Incentive Publications.

Springer, M. (2010). *Brain-based teaching in a digital age.* Alexandria, VA: Association for Supervision and Curriculum Development.

Wiggins, G. & McTighe, J. (2005). *Understanding by design, expanded 2nd edition.* New York, NY: Prentice Hall.

Web Information to Investigate

Websites and the information on them change frequently. Always check a web address and examine the content before using the information or before recommending the site to anyone else.

Jeopardy generator. http://www.coderedsupport.com/jeopardy.

Who wants to be a millionaire generator. http://www.coderedsupport.com/millionaire.

Maze generator. http://www.billsgames.com/mazegenerator.

Bingo generator. http://www.teach-nology.com/web_tools/materials/bingo.

Crossword generator. http://puzzlemaker.discoveryeducation.com/CrissCrossSetupForm.asp.

Sudoku generator. http://www.edhelper.com/sudoku.htm.

Powerpoint presentations in all subjects. http://www.pppst.com/index.html.

Virtual field trips: http://www.theteachersguide.com/virtualtours.html.

第 8 章

Works Cited

p. 184   NAESP (1998). Is there a shortage of qualified candidates for openings in the principalship? *National Association of Elementary School Principals.* http://www.naesp.org/misc/shortage.htm.

p. 185   Guterman, J. (2007). Where have all the principals gone?: The acute school-leader shortage. *Edutopia.* http://www.edutopia.org/principal-shortage?page=1.

p. 190   Richards, J. (May/Jun 2007). Emotional intelligence: Key to leadership success. *Principal Magazine. Web Exclusive 86* (5). Accessed from http://www.naesp.org/ContentLoad.do?contentId=2236.

Richards, J. (2005). Principal Actions Key to Retaining Teachers. *Education World.* http://www.educationworld.com/a_issues/chat/chat158.shtml.

Richards, J. (Jan/Feb, 2007). How effective principals encourage their teachers. *Principal Magazine,* 86 (3), p. 48-50.

p. 190   Ingersoll, J. Teacher turnover and teacher shortages: An organizational analysis. *American Educational Research Journal,* Fall 2001, 38 (3), p. 499 - 534.

p. 191   John B Craig, J. B. (2008). The relationship between the emotional intelligence of the principal and teacher job satisfaction. Dissertations available from ProQuest, January 1, 2008. Paper AAI3310476. http://repository.upenn.edu/dissertations/AAI3310476.

p. 193   Northwest Regional Educational Laboratory (2003). *Building trusting relationships for school improvement: Implications for principals and teachers.* Portland, OR: NWREL.

p. 198   Moody, R. & Barrett, J. (2009). Stress levels of school administrators an teachers in November and January. *Empirical Research,* 7 (2), April 27, 2009.

Other Recommended Resources

Farber, K. (2010). *Why great teachers quit: And how we might stop the exodus.* Thousand Oaks, CA: Corwin Press.

Queen, J. A., & Queen, P. S. (2004). *The frazzled principal's wellness plan.* Thousand Oaks, CA: Corwin Press.

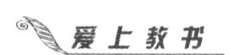

Web Information to Investigate

Websites and the information on them change frequently. Always check a web address and examine the content before using the information or before recommending the site to anyone else.

A principal's guide to stress relief. National Association of Elementary School Principals, *Leadership Compass 5* (2) Fall, 2007. Retrieved from: http://www.naesp.org/leadership-compass-archives-0.

A survival guide for frazzled principals. *National Association of Elementary School* Principals. The 24-hour principal. November/December 2006. Retrieved from: http://www.naesp.org/24-hour-principal-novdec-2006-0.